5 4 3 2
ISBN 3-88117-668-3
Redaktion: Monika Römer
Gestaltung: Niels Bonnemeier

www.hoelker-verlag.de

Printed in Italy

Barbara Rias-Bucher

Das kleine

Bärlauch

Kochbuch

Hölker Verlag

Inhalt

Die Rezepte sind, falls nicht anders
angegeben, für 4 Personen berechnet.

Vorwort

Vergangenen Herbst habe ich Bärlauch in unseren Garten gepflanzt: Eine schattige feuchte Stelle, an der sonst nichts wächst, bot sich an. Die Zwiebelchen bekam ich von einer Freundin, die sich im vorangegangen Frühling des ersten frischen Grüns schier nicht mehr erwehren konnte – Bärlauch wuchert wie jedes andere Wildkraut. Sie gab mir außerdem den Tipp, Bärlauch zu mähen oder einfach die Stängel abzuzupfen, bevor er nach der Blüte aussamt.

Für ein Wildkraut ist der Bärlauch eine regelrechte Schönheit: Das Feld wirkt während der Blütezeit wie beschneit, und die zarten weißen Blütensternchen, die in einer dichten Kugel an langen Stielen sitzen, sind ebenso attraktiv wie Maiglöckchen. Und wenn sein intensiver Duft nach Zwiebel und Knoblauch nicht wäre, würde man Bärlauchbouquets zum Muttertag verschenken und könnten sich Bräute mit einem Bärlauchkränzchen schmücken.

Bärlauch ist wie Rucola ein Karrierekraut: Vor 20 Jahren noch nahezu unbekannt, mauserte sich die alte Rauke unter dem Einfluss der italienischen Küche zur mediterranen Rucola. Und vor nicht allzu langer Zeit quittierte man die frühjährliche Bärlauch-Duftwolke noch mit gerümpfter Nase. Irgendwann sprach sich dann herum, dass Bärlauch so gesund wie Knoblauch ist. Es heißt außerdem, dass man auch nach ausgiebigem Bärlauchgenuss nicht gleichermaßen „duftet". Das allerdings halte ich für ein Märchen – nach Knoblauch riecht man zwar nicht, aber nach Zwiebeln. Doch das stört uns eben nicht mehr, seit wir unsere Vorliebe für köstlich frischen Knoblauch, Frühlingszwiebelchen und chinesischen Schnittknoblauch entdeckt haben.

Ich freue mich gegen Ende des Winters auf Bärlauch genauso wie auf Spargel. Um die beiden kulinarischen Frühlingsboten zu vereinen, gibt es bei mir ein Spargeldressing mit Bärlauch zum ersten zarten Kopfsalat und den Pellkartoffeldip zu den neuen Knollen. Das sind nur 2 kleine Bärlauchrezepte aus meinem Repertoire. Die anderen finden Sie in diesem Büchlein versammelt: bodenständige wie Bärlauchfrikadellen und ungewöhnliche wie Tempura. Italien lässt mit Bärlauch-Nudel-Frittata grüßen, Bayern mit einer deftigen Bär-Lauchsuppe. Viel Spaß beim Bärlauch-Genuss wünscht

Einführung

Die Kraft des ersten Grüns

Bärlauch gehört zu einer Familie, die höchst unterschiedliche Pflanzen hervorbringt: den aristokratischen Spargel, die uralte Arzneipflanze Aloe vera und die symbolträchtigen Lilien, die Göttinnen und Elfen, Engeln und Heiligen gewidmet sind. Botanisch nüchtern formuliert: Bärlauch zählt zur „Allium"-Familie der Liliaceae. Dabei handelt es sich um Zwiebeln und ähnliche Gewächse – Pflanzen, die der Mensch seit Jahrtausenden als Gewürz, Gemüse und Arznei kennt, sammelt und kultiviert.

Von seiner großen Familie hat Bärlauch nur die besten Eigenschaften mitbekommen: Wie Knoblauch ist er ein wahres Gesundheitspaket, wie Schnittlauch schmückt er das Essen durch Blatt und Blüte. Wie Zwiebeln kann man ihn von der Blüte bis zur Knolle verwenden, wie Schalotten würzt er dezent und passt auch zu Gourmet-Gerichten. Wie Frühlingszwiebeln hat Bärlauch als Grünzeug viel zu bieten: Seine großen Blätter bleiben in Salat und Rohkost knackig-zart, schmecken kurz gedünstet und in herzhaftem Gebäck. Und schließlich kann er genau wie Lauch auf eine jahrtausendealte kulinarische Geschichte zurückblicken.

Ein Kraut und viele Namen

Die allgemein gebräuchliche Bezeichnung „Bärlauch" entspricht dem botanischen „Allium ursinum". Seine Volksnamen sind zahlreich: Wilder Knoblauch, Bärenkraut, Zigeunerlauch, Hexen- oder Judenzwiebel, Waldknoblauch, Wurmlauch, Hundsknofel.
Außerdem trägt er noch einen Namen, dessen Herkunft etymologisch nicht eindeutig zu klären ist: Ramsen in Deutschland, Rämschele in der Schweiz, ramsons in Großbritannien und čeremša in Russland. All diese Bezeichnungen sollen auf den intensiven Geruch des Krautes zurückgehen: Im Mittelalter hieß der Widder ramme, und das Tier in der Brunst nannte man rammeler. Dieses Wort kommt vom altnordischen rammr für „scharf, bitter, kräftig". Nur: Mit dem Bärlauch alias Ramsen hat das vermutlich gar nichts zu tun. Rams (vom germanischen Wort hrameson und dem altenglischen hramsan) nannte man viele lauchartige Gewächse. Hergeleitet wurde es vermutlich vom griechischen krómyon für „Zwiebel".

Bärlauch erkennen und sammeln

Der Bärlauch wächst wild unter hohen Bäumen an feuchten Stellen in Wäldern und Parkanlagen; besonders gerne mag er auch die lichten Auwälder an Flussläufen. Jede Pflanze hat nur 2 hellgrüne Blätter, die an Maiglöckchenblätter erinnern. An der Spitze des bis zu 25 Zentimeter langen Stängels sitzen die kleinen, weißen Blütensternchen wie in einer Kugel angeordnet.

Achtung: Verwechslung mit den giftigen Maiglöckchen und den tödlich giftigen Herbstzeitlosen ist möglich. Wer sammeln geht, muss also ganz sicher sein: Nur Bärlauchblätter riechen beim Zerreiben intensiv nach Knoblauch. Zum Anbauen im eigenen Garten sind Samen im Handel erhältlich, die man in der kalten Jahreszeit von Oktober bis März aussät. Als Kaltkeimer braucht Bärlauch frostige Temperaturen. Bärlauchpflänzchen aus Gärtnerei oder Gartencenter kommen ebenfalls im Herbst in die Erde. Wichtig ist ein feuchter, schattiger Standort. Ernten kann man, sobald die frischen Blätter etwa 10 Zentimeter hoch sind. Die Saison dauert bis Mai oder Juni und endet vor der Blüte.

Das würzige Küchenkraut

Bärlauchblätter schmecken ganz frisch am besten, deshalb steht Selbstsammeln an erster Stelle. Aufgrund der großen Nachfrage wird Bärlauch auch angebaut und ist bei Gemüsehändlern, in Naturkostläden, Gärtnereien und auf dem Wochenmarkt erhältlich – nicht immer knackfrisch, jedoch recht aromatisch. Selbst gesammelte Blätter können Sie 2 Tage in einem Plastikbeutel im Kühlschrank aufbewahren. Gekauften Bärlauch sollten Sie dagegen gleich verarbeiten, weil Sie ja die Erntezeit nicht kennen.

Zur Vorbereitung die gewaschenen Blätter mit einem scharfen Messer von den langen, harten Stielen befreien und entweder nur in Streifen schneiden oder die Streifen noch mal quer durchteilen, bis der Bärlauch auf die gewünschte Größe zerkleinert ist.
Verwenden können Sie Bärlauch roh, gedünstet oder gebacken – z. B. in Bärlauch-Muffins oder Frühlingswaffeln (Rezepte S. 71 und 76). Er passt zu Frühlingssalaten und Rohkost, Kräuterquark und Dips für neue Kartoffeln, Eierstich und Butterklößchen für die Suppe. Fein zerkleinert verwendet man die Blätter für Rührei und Omelett, Kräuter- und Gemüsecremesuppen, kalte und warme Saucen für Fleisch, Fisch und Geflügel. Besonders delikat schmeckt er mit Sahne, Crème fraîche oder Schmand. Als richtiges Frühlingskraut verträgt er sich mit Wild nicht so gut – Ausnahmen sind zartes Kaninchenfleisch und Täubchen.

Bärlauch kann man in Essig oder Öl einlegen und wie die meisten anderen Kräuter einfrieren: Entweder als ganze Blätter oder fein zerkleinert in Gefrierbeutel gefüllt, gut verschlossen und schockgefroren. Damit er streufähig bleibt, müssen Sie ihn nach dem Waschen gut trockenschleudern. Nur: Tiefgekühlt ist Bärlauch natürlich nicht so aromatisch wie frisch.

Das gesunde Kraut

„Die Natur ist der Krankheiten Arzt“, lehrte Hippokrates. Zweifellos sind Kräuter zuerst in der Heilkunde genutzt worden: Pflanzen mit so hohem Wirkstoffkonzentrat waren zum Essen einfach zu kostbar; sie boten sich als Arzneien geradezu an. So sprechen die Naturwissenschaftler und Ärzte der Antike nur vom medizinischen Effekt, das Kulinarische wird, bis auf wenige Ausnahmen, nicht erwähnt. Dieses Wissen ist lange überliefert worden. Noch in den Kochbüchern des 19. und frühen 20. Jahrhunderts können Sie nachlesen, wie man Kräuter in der Hausapotheke einsetzte.

Geändert hat sich das erst mit der Industrialisierung von Medizin und Pharmazie. Mit ihr begann der Aufstieg von chemischen Substanzen zum Heilen, und die Kräuter wanderten von der Apotheke in die Küche. Inzwischen aber vertrauen wir dem gesundheitlichen Nutzen der Pflanzen wieder mehr denn je, nicht zuletzt weil die Wirksamkeit inzwischen wissenschaftlich erforscht ist. Pflanzen enthalten Substanzen, die unsere Gesundheit fördern, indem sie positiv in den Stoffwechsel eingreifen. Zu diesen Bioaktiv-Stoffen gehören unter anderen Schwefelverbindungen mit ihrem strengen Geruch – die im Bärlauch ja reichlich vorhanden sind. Diese Sulfide wirken gegen Arteriosklerose, weil sie das Blut verdünnen: Es gerinnt langsamer, der Körper wird besser durchblutet, Blutgerinnsel und Gefäßablagerungen können sich dadurch nicht so leicht bilden.

Bärlauch schützt Herz und Kreislauf, indem er Blutfettwerte und Cholesterinspiegel senkt. Er scheint überdies den Blutdruck auf dem gesunden Maß zu halten, indem er ein Enzym hemmt, das an der Entstehung von Hypertonie beteiligt ist. Der Wirkstoff Allicin bekämpft Infektionen, vermutlich indem er die Zellen der eingedrungenen Mikroorganismen – Pilze, Viren und Bakterien – schädigt. So stärkt Allicin das Immunsystem und sorgt für eine gesunde Darmflora. Und wie die verwandte Zwiebel fördert er die Verdauung, weil er den Gallenfluss anregt – dies ist wichtig bei fetten Gerichten. Womit wir nach all den Gesundheitsaspekten gottlob wieder beim Essen angelangt sind. Lassen Sie sich's schmecken!

Suppen

Bärlauchcremesuppe

4–5 Kartoffeln, 1 kleine Zwiebel,
3 TL Butter, 1 l Gemüsebrühe,
150 g Bärlauch, 200 ml Sahne, Salz,
frisch gemahlener weißer Pfeffer,
frisch geriebene Muskatnuss

Kartoffeln und Zwiebel schälen und in kleine Würfel schneiden. In einem größeren Topf die Butter erhitzen und beides darin andünsten, mit der Brühe aufgießen und bei mittlerer Hitze 20 Minuten köcheln lassen. Inzwischen die Bärlauchblätter abbrausen, trockentupfen und die langen Stiele entfernen. Für die Garnitur 2 Blätter in sehr feine Streifen schneiden und beiseite legen, den Rest grob hacken. Die Sahne schlagen. Den gehackten Bärlauch in die Suppe einrühren, mit Salz, Pfeffer und Muskat würzen. Mit dem Mixstab pürieren. Die geschlagene Sahne mit einem Schneebesen unterrühren. Die Suppe in vorgewärmte Suppenschalen füllen und mit den Bärlauchstreifen garnieren.

Besonders appetitlich sieht die Suppe aus, wenn man sie kurz vor dem Servieren noch einmal mit dem Mixstab schaumig aufschlägt.

Bär-Lauchsuppe mit Speck

300 g Lauch,
200 g mehlig kochende Kartoffeln,
1 EL Butter, 3/4 l Brühe,
100 ml fettarme Milch, 150 ml Sahne,
2 dünne Scheiben
durchwachsener Räucherspeck,
1 TL Öl, 1 kleine reife Tomate,
150 g frischer Bärlauch, 2–3 TL Zitronensaft,
Salz, frisch gemahlener weißer Pfeffer,
frisch geriebene Muskatnuss

Den Lauch putzen und in dünne Ringe schneiden. Die Kartoffeln schälen, waschen und würfeln. Die Butter in einem hohen Topf erhitzen. Lauch und Kartoffeln darin bei geringer Hitze anschwitzen. 1/4 Liter Brühe und die Milch zugießen, aufkochen und zugedeckt bei mittlerer Hitze etwa 20 Minuten garen, währenddessen nach und nach die Sahne zugeben; danach sollten Lauch und Kartoffeln sehr weich sein.
Inzwischen den Speck in dünne Streifen schneiden und im heißen Öl bei geringer Hitze leicht braun braten.

Die Tomate blanchieren, kalt abschrecken, häuten, vom Stielansatz befreien und klein würfeln. Den Bärlauch abbrausen, trockentupfen und die längeren Stiele enfernen. Für die Garnitur 4 Blätter in feine Streifen schneiden, den Rest fein hacken. Die Suppe mit der übrigen Brühe pürieren und einmal aufkochen. Mit dem gehackten Bärlauch mischen, mit Zitronensaft, Salz, Pfeffer und Muskat würzen. Auf vorgewärmte Teller verteilen, jeweils mit Tomate, Speck und Bärlauchstreifen garnieren.

Putzen Sie die Lauchstangen nur sparsam: Wurzelansatz, welke Blätter und Blattspitzen entfernen, alles andere nur sauber waschen und zerkleinern. Gerade die grünen Teile schmecken gut, weil sich Aromen und Mineralstoffe darin konzentrieren.

Hühnersuppe mit Bärlauch

300 g gegartes Hühnerfleisch,
100 g Zuckerschoten, 150 g Bärlauch,
1 l Hühnerbrühe, 1/2 TL abgeriebene
unbehandelte Zitronenschale,
2 EL Zitronensaft, 1 Msp. Muskatblüte (Macis),
50 g feine Suppennudeln, Salz,
frisch gemahlener weißer Pfeffer,
Zitronensaft nach Belieben

Das Hühnerfleisch in mundgerechte Stücke schneiden, dabei Haut, Fett und kleine Äderchen entfernen. Die Zuckerschoten ggf. entfädeln und in dünne Streifen schneiden. Den Bärlauch abbrausen, trockentupfen und die längeren Stiele abschneiden. Für die Garnitur 4 Blätter in feine Streifen schneiden, den Rest fein hacken. Die Hühnerbrühe mit Zitronenschale, Zitronensaft und Muskatblüte in einem großen Topf zum Kochen bringen. Fleisch, Zuckerschoten, gehackten Bärlauch und Nudeln zugeben, erneut aufkochen lassen und bei mittlerer Hitze unter gelegentlichem Rühren etwa 3 Minuten köcheln lassen, danach sollten die Nudeln bissfest sein. Die Suppe mit Salz und Pfeffer, eventuell noch mit Zitronensaft würzen, mit den Bärlauchsteifen mischen und sofort servieren.

Das Frühlingssüppchen schmeckt mit jedem zarten jungen Gemüse: Statt der Zuckerschoten passen z. B. auch Brokkoliröschen oder grüner Spargel zum Bärlauch.

Altbayerische Bärlauchsuppe

2 EL Butter, 40 g Weizenvollkornmehl,
3/4 l Gemüse- oder Fleischbrühe,
Salz, 150 g Bärlauch, 2 EL Schmand,
1 TL abgeriebene unbehandelte Zitronenschale,
je 1 kräftige Prise frisch geriebene Muskatnuss
und edelsüßes Paprikapulver

Die Butter in einem Topf zerlassen, aber nicht bräunen. Das Mehl darin bei mittlerer Hitze etwa 1 Minute unter Rühren goldgelb anschwitzen. Die Brühe nach und nach zugießen und rühren, bis die Suppe glatt ist. Mit Salz würzen, aufkochen und zugedeckt bei geringer Hitze 15 Minuten köcheln lassen.
Inzwischen den Bärlauch abbrausen, trockentupfen und die längeren Stiele entfernen. Für die Garnitur 2 Blätter in dünne Streifen schneiden, den Rest fein hacken und mit dem Schmand in die Suppe einrühren. Noch einmal kurz erhitzen, aber nicht mehr kochen lassen. Die Suppe mit Zitronenschale, Muskat und Paprika würzen und auf vorgewärmte Teller verteilen. Mit den Bärlauchstreifen garnieren.

Die Originalsuppe wird noch mit Eigelb gebunden: 1–2 Eigelbe mit dem Schmand oder 3 Esslöffeln Sahne verquirlen, einige Löffel Suppe unterrühren und das Ganze mit der heißen Suppe vermischen. Bis knapp unter den Siedepunkt erhitzen, aber nicht mehr kochen lassen, sonst wird die Suppe flockig.

Landhaussuppe

250 g italienisches oder französisches Landbrot,
1 Knoblauchzehe, 1 rote Chilischote,
150 g Bärlauch, 80 g mittelalter Pecorino,
3/4 l Fleischbrühe,
grob gemahlener schwarzer Pfeffer

Den Backofengrill auf die höchste Stufe oder den Backofen auf 250 °C (Umluft 220 °C, Gas Stufe 5) vorheizen. Das Brot grob würfeln, den Knoblauch schälen und fein hacken. Chilischote halbieren, von Stielansatz, Samen sowie Scheidewänden befreien und fein hacken. Bärlauch abbrausen, trockentupfen und die längeren Stiele entfernen. Für die Garnitur 2 Blätter in dünne Streifen schneiden, den Rest fein hacken. Den Pecorino reiben, die Brühe erhitzen.
Einen ofenfesten Topf mit der Hälfte der Brotwürfel auslegen, Knoblauch, Chilischote und den gehackten Bärlauch darauf verteilen und mit der Hälfte des Pecorinos bestreuen. Mit der Brühe übergießen und mit dem restlichen Brot und dem übrigen Käse abschließen.
Den Topf in den vorgeheizten Ofen schieben und die Suppe etwa 5 Minuten überbacken, danach sollten Brot und Käse schön gebräunt sein. Mit Bärlauchstreifen und Pfeffer bestreuen und die Suppe sehr heiß servieren.

Sie können die Brotscheiben auch in Olivenöl anrösten. Dadurch wird die Suppe „kerniger“, aber auch kalorienreicher.

Gemüsesuppe

2 kleine fest kochende Kartoffeln, 1 Zwiebel,
1 kleine Dose geschälte Tomaten (400 g),
2 Stangen Staudensellerie, 3 EL Olivenöl,
1 Paket TK-Dicke-Bohnen (300 g),
1 l Gemüse- oder Fleischbrühe, 50 g Bärlauch,
2 EL Instant-Couscous,
Salz, frisch gemahlener weißer Pfeffer

Die Kartoffeln schälen, waschen und klein würfeln. Die Zwiebel schälen und fein hacken. Tomaten in der Dose grob zerschneiden. Sellerie putzen und in fingerdicke Stücke schneiden.

Das Olivenöl in einem großen Topf erhitzen. Kartoffeln und Zwiebel darin bei geringer Hitze anschwitzen, bis die Zwiebel glasig ist. Tomaten samt Flüssigkeit, Sellerie, Bohnen und Brühe zugeben und alles einmal kräftig aufkochen. Zugedeckt bei geringer bis mittlerer Hitze 5–7 Minuten garen.

Inzwischen den Bärlauch abbrausen, trockentupfen und die längeren Stiele abschneiden. Die Blätter fein hacken und mit dem Couscous zur Suppe geben. Unter Rühren noch einmal kräftig aufkochen. Die Suppe mit Salz und Pfeffer würzen.

Der Couscous macht die Suppe sämig. Wer das nicht mag, kocht getrennt etwa 2 Hand voll Hörnchen- oder Spiralnudeln al dente und mischt sie unmittelbar vor dem Servieren unter die Suppe.

Suppe mit Bärlauchklößchen

100 g gemischtes Gemüse (z.B. Spitzkohl, Möhren, Kohlrabi, Zucchini), 150 g Bärlauch, 30 g weiche Butter, 1 kleines Ei, 30 g geriebener Käse (z.B. Emmentaler oder Gouda), Salz, frisch gemahlener weißer Pfeffer, frisch geriebene Muskatnuss, 100 g Weizen- oder Dinkelmehl, 1 1/4 l Fleisch- oder Hühnerbrühe

Das Gemüse schälen bzw. putzen (Kohl in feine Streifen, Möhren und Kohlrabi in dünne Stifte, Zucchini in Scheiben schneiden etc.). Bärlauch abbrausen, trockentupfen und die längeren Stiele abschneiden. Für die Klößchen 4 Blätter hacken, den Rest für die Suppe in feine Streifen schneiden.

Die Butter schaumig rühren. Ei, Käse, Salz, Pfeffer und Muskat, Mehl und zuletzt den gehackten Bärlauch untermischen. Den Teig 10 Minuten ruhen lassen.

Inzwischen die Brühe in einem Topf zum Kochen bringen. Von dem Teig je nach gewünschter Größe mit einem Tee- oder Esslöffel Klößchen abstechen und in die sanft sprudelnd kochende Brühe einlegen. Dabei den Löffel zwischendurch immer wieder in die heiße Brühe tauchen, damit sich der Teig gut löst. Die Klößchen in der Brühe einmal aufkochen und bei geringer Hitze 5 Minuten mehr ziehen als kochen lassen. Das Gemüse zugeben, die Suppe erneut aufkochen und etwa 5 Minuten garen. Die Bärlauchstreifen untermischen und die Suppe sofort servieren.

Asiensuppe

200 g Rinderfilet,
2 milde rote Chilischoten, 8 Bärlauchblätter,
1 TL Speisestärke, 1/4 l Fleischbrühe,
200 g ungesüßte Kokoscreme (Dose),
Saft von 1 Limette oder 1/2 Zitrone,
1 EL Erdnussöl, Salz, 1 TL gehackte Petersilie

Das Rinderfilet abbrausen, trockentupfen und in knapp fingerbreite Streifen schneiden. Chilischoten von Stielansatz, Samen sowie Scheidewänden befreien, Bärlauchblätter abbrausen, trockentupfen und beides in hauchfeine Streifen schneiden.
Stärke mit Brühe und Kokoscreme in einen Topf geben und unter Rühren erhitzen, bis die Brühe bindet. Bärlauch und Chilischoten dazugeben und einmal kräftig aufkochen lassen. Die Suppe mit Limetten- oder Zitronensaft und Salz kräftig würzen und heiß halten.
Das Öl in einer großen beschichteten Pfanne erhitzen und das Fleisch darin bei hoher Temperatur unter ständigem Wenden etwa 1 Minute braun braten. Mit Salz würzen und in Suppenteller verteilen. Die kochend heiße Brühe darübergießen, mit Petersilie bestreuen und servieren.

Das zarte Filet gart in der heißen Suppe nach. Deshalb wirklich nur rasch appetitlich braun anbraten.

Salate & Snacks

Bärlauchsalat mit Ziegenkäse-Crostini

Für den Salat: 4 getrocknete Tomaten
(in Öl eingelegt), 300 g Bärlauch,
je 1 Hand voll Brunnenkresse und
frischer Spinat, 2 EL Honigessig,
2 EL Johannisbeersaft, 1 TL scharfer Senf,
Salz, 2 EL Einlegeöl der Tomaten
Für die Crostini: 4 Scheiben lockeres
italienisches Landbrot,
2 EL Einlegeöl der Tomaten,
200 g weicher Ziegenkäse,
1 TL grüne Pfefferkörner (frisch oder eingelegt)

Den Backofen auf 250 °C (Umluft 220 °C, Gas Stufe 5) vorheizen. Für den Salat die Tomaten auf Küchenpapier abtropfen lassen und klein schneiden. Bärlauch, Brunnenkresse und Spinat abbrausen, trockentupfen und alle dickeren bzw. längeren Stiele abschneiden. Alles mittelfein klein schneiden.
Essig mit Johannisbeersaft, Senf, Salz und Tomatenöl zu einem Dressing verrühren. Tomaten, Bärlauch, Brunnenkresse und Spinat mit dem Dressing mischen und auf Portionstellern anrichten.
Für die Crostini die Brotscheiben halbieren, auf ein Backblech legen, mit dem Tomatenöl bestreichen und im vorgeheizten Ofen in etwa 5 Minuten leicht bräunen. Den Ziegenkäse in Scheiben schneiden, die Brote damit belegen und mit dem zerdrückten grünen Pfeffer bestreuen. Salat und Crostini sofort servieren.

Bärlauchsalat mit Lachs

150 g Lollo rosso, 1 kleine Orange,
1 große Tomate, 8 Bärlauchblätter,
250 g Lachsfilet, 4 EL Olivenöl,
Salz, 1 Msp. scharfe Paprikaflocken,
4–5 EL trockener Weißwein
oder Orangensaft,
2 EL weißer Aceto balsamico

Den Salat putzen, waschen, trockenschleudern, in mundgerechte Stücke zupfen und auf Teller verteilen. Orange mit einem scharfen Messer so schälen, dass auch die weiße Haut vollständig mit entfernt wird. Filets zwischen den Trennwänden herauslösen. Tomate kurz in kochendem Wasser blanchieren, häuten, vierteln, entkernen und würfeln. Bärlauch waschen, trockentupfen, von den groben Stielen befreien und in hauchfeine Streifen schneiden. Alle vorbereiteten Zutaten auf dem Lollo rosso verteilen. Das Lachsfilet kalt abbrausen, trockentupfen und mit einem scharfen Messer in 4 Stücke schneiden.
Das Öl in einer Pfanne erhitzen. Die Lachsstücke darin bei mittlerer Hitze pro Seite etwa 1 Minute braten. Mit Salz und Paprikaflocken würzen. Den Lachs auf dem Salat anrichten. Den Bratfond mit Wein oder Orangensaft und Balsamico lösen, salzen und den Salat damit beträufeln. Sofort servieren.

Lösen Sie die Orangenfilets über dem Lollo aus: Der abtropfende Saft geht dann nicht verloren und würzt den Salat zusätzlich.

Bärlauch-Eier-Coddler

Löffeln Sie Ihr Sonntags-Frühstücksei doch einmal aus dem Coddler: Das sind kleine Glas- oder Porzellanförmchen mit Deckel, oft hübsch nach Landhausart bemalt. Sie sind in Haushaltswarengeschäften oder über den Versand erhältlich. Kleine Portions-Coddler fassen 1 großes Ei, größere 4–5 Eier.

50 g gekochter Schinken, 4–5 Bärlauchblätter,
2 EL weiche Butter, 4 Eier, Salz,
frisch gemahlener weißer Pfeffer,
4 TL geriebener Käse nach Belieben

Einen breiten Topf etwa zur Hälfte mit Wasser füllen und zum Kochen bringen. Den Schinken fein hacken. Den Bärlauch abbrausen und trockentupfen, die längeren Stiele abschneiden und die Blätter fein hacken. 4 Eiercoddler mit der Butter ausstreichen. Die Hälfte des Schinkens hineingeben und den Bärlauch darauf verteilen. Jeweils 1 aufgeschlagenes Ei vorsichtig darauf setzen, mit Salz und Pfeffer würzen, mit dem Rest des Schinkens und dem Käse bedecken. Die Coddler schließen und ins Wasserbad stellen. Die Eier im offenen Topf bei mittlerer bis geringer Hitze etwa 7 Minuten pochieren, danach sollte der Käse geschmolzen sein. In den Förmchen zum Auslöffeln servieren oder am Rand lockern und auf vorgewärmte Teller stürzen.

Servieren Sie die Coddler mit Brötchen oder Toast, Tomaten und Kresse.

Zucchini-Pilz-Carpaccio mit Bärlauch

Genau wie das Original mit Rinderfilet aus Harry's Bar in Venedig ist dieses bunte vegetarische Carpaccio eine festliche Vorspeise.

1 hart gekochtes Ei, 1 Gewürzgurke, 1 Tomate,
150 g Bärlauch, 3 EL Brombeer- oder Himbeeressig,
4 EL naturtrüber Apfelsaft, 1 EL scharfer Senf,
Salz, frisch gemahlener Pfeffer,
8 EL natives Olivenöl extra, 2 kleine Zucchini,
3 weiße Riesenchampignons

Das Ei pellen und hacken. Gurke abtropfen lassen, Tomate vom Stielansatz befreien und beides ebenfalls fein hacken. Bärlauch abbrausen, trockentupfen, längere Stiele entfernen und die Blätter in feine Streifen schneiden. Alle vorbereiteten Zutaten getrennt auf Tellern bereitstellen.
Essig mit Apfelsaft, Senf, Salz und Pfeffer verrühren. Das Öl nach und nach unterschlagen. Zum Schluss etwa die Hälfte des Bärlauchs unter das Dressing rühren. Die Zucchini putzen und der Länge nach auf dem Gurkenhobel in ganz dünne Scheiben hobeln. Die Pilze mit feuchtem Küchenpapier abreiben, putzen und in hauchdünne Scheiben schneiden. Zucchini und Pilze einzeln im Dressing wenden und wie Rindercarpaccio auf Portionstellern anrichten. Ei, Gurke, Tomate und restlichen Bärlauch darauf verteilen und mit dem übrigen Dressing beträufeln. Bis zum Servieren etwa 10 Minuten bei Zimmertemperatur ziehen lassen.

Wenn Sie keine Eier essen möchten, können Sie das vegetarische Carpaccio stattdessen mit Parmesanspänen bestreuen.

Roastbeef-Sandwiches mit Bärlauch

4 Blätter Kopfsalat, 6–8 Bärlauchblätter,
4 EL weiche Butter, 1/4 Salatgurke,
8 Scheiben Kastenweißbrot, 4 EL Kräutersenf,
200 g Roastbeef-Aufschnitt (fertig gekauft),
Salz, frisch gemahlener Pfeffer

Den Salat und den Bärlauch waschen und trockentupfen. Bärlauch von den langen Stielen befreien, klein hacken und mit der Butter mischen. Die Gurke schälen und in Scheiben schneiden. Jeweils 4 Brotscheiben mit der Bärlauchbutter, die anderen 4 Scheiben mit dem Senf bestreichen. Die Bärlauch-Brotscheiben mit einem Salatblatt, Roastbeef und Gurkenscheiben belegen, salzen und pfeffern. Die Senf-Brotscheiben darauf legen und leicht andrücken. Die Sandwiches mit einem scharfen Messer diagonal halbieren.

Diese kräftigen Sandwiches schmecken als leichte Hauptmahlzeit – z. B. mit einem kleinen Salat aus fein geraspelten Äpfeln, Möhren und Knollensellerie, der mit frisch gepresstem Orangensaft, fein gehackter Petersilie und einem Schuss gutem Oliven- oder Erdnussöl angemacht wurde.

Bärlauch-Nudel-Frittata

1 kleiner Zucchino, 1 Zwiebel,
2 Scheiben Frühstücksspeck, 150 g Bärlauch,
250 g dünne Nudeln (Capellini oder Fadennudeln),
Salz, 80 g frisch geriebener Parmesan, 8 EL Olivenöl,
4 große Eier, frisch gemahlener Pfeffer,
2 Fleischtomaten

Den Zucchino putzen und klein würfeln. Die Zwiebel schälen und fein hacken. Den Speck in Streifen schneiden. Bärlauch abbrausen, trockentupfen und die längeren Stiele abschneiden. Für die Garnitur 2 Blätter in feine Streifen schneiden, den Rest fein hacken.
Nudeln nach Packungsangabe in Salzwasser kochen, dabei die Kochzeit um 1 Minute reduzieren. Abgießen, abtropfen lassen und in einer großen Schüssel mit 2 Esslöffeln Käse bestreuen. Zucchino, Zwiebel, Speck, Bärlauch und 2 Esslöffel Öl untermischen und lauwarm abkühlen lassen. Die Eier mit Salz und Pfeffer verquirlen und mit den Nudeln vermischen.
In einer großen beschichteten Pfanne 2 Esslöffel Öl erhitzen. Die Hälfte der Frittatamasse darin verteilen und bei mittlerer Hitze etwa 3 Minuten braten, danach sollte sie an der Unterseite fest sein. Auf einen großen Teller gleiten lassen, 1 weiteren Esslöffel Öl in der Pfanne erhitzen, die Frittata umgedreht wieder hineingeben und noch einmal knapp 3 Minuten braten. Die restliche Frittatamasse im verbliebenen Öl ebenso braten. Abkühlen lassen. Frittata in Rauten schneiden und mit dem restlichen Käse bestreuen.

Tomaten vom Stielansatz befreien und klein würfeln. Um die Frittata verteilen, salzen und pfeffern, mit den Bärlauchstreifen garnieren.

Bunte Sesamfladen

3 Scheiben Frühstücksspeck,
100 g Salami, 100 g Gouda, 1 große Möhre,
4 große Löwenzahnblätter, 150 g Bärlauch,
2–3 EL Zitronensaft, 2 EL Crème fraîche,
Salz, frisch gemahlener Pfeffer, 2 kleine Sesamfladen
(ca. 20 cm Durchmesser), Cocktailtomaten und
Radieschen zum Garnieren

Den Speck in Streifen schneiden und bei geringer Hitze leicht knusprig braten. In eine Schüssel geben. Salami und Käse klein würfeln. Möhre putzen und raspeln. Löwenzahn und Bärlauch abbrausen, trockentupfen und sehr fein hacken. Alles zum Speck geben. Zitronensaft, Crème fraîche, Salz und Pfeffer zufügen und gut mischen. Die Fladen waagerecht aufschneiden, mit der Speckmischung füllen, etwas zusammendrücken und mit einem scharfen Messer halbieren. Mit geputzten Cocktailtomaten und Radieschen nach Belieben garnieren und servieren.

Löwenzahn erhalten Sie inzwischen auch beim Gemüsehändler: Die Pflanzen aus der Zucht schmecken viel milder als die wilden von der Wiese. Allerdings sind sie auch nicht so nährstoffreich.

Bärlauchquark mit Gemüse

1 große Tomate, 1/2 Fenchelknolle, 1 Möhre,
150 g Bärlauch, 500 g Magerquark,
100 g Schmand, 1 EL natives Olivenöl extra, Salz,
frisch gemahlener weißer Pfeffer, 1 Prise Zucker

Die Tomate vom Stielansatz befreien, den Fenchel und die Möhre schälen bzw. putzen. Bärlauch abbrausen, trockentupfen und von den langen Stielen befreien. Alle 4 Zutaten fein hacken. Den Quark mit dem Schmand verrühren und mit Gemüse, Bärlauch sowie Öl mischen. Mit Salz, Pfeffer und Zucker würzen.

Dazu schmecken am besten frisch gekochte Pellkartoffeln.

Marinierter Mozzarella

300 g geräucherter Mozzarella, 150 g Bärlauch,
grob gemahlener schwarzer Pfeffer,
Saft von 1 Zitrone, 1/8 l natives Olivenöl extra,
4–5 Kirschtomaten, 50 g entsteinte schwarze Oliven

Den Mozzarella in möglichst dünne Scheiben schneiden und auf einer Platte anrichten. Bärlauch abbrausen, trockentupfen, von den längeren Stielen befreien, fein hacken und über dem Mozzarella verteilen. Mit dem groben Pfeffer bestreuen. Zitronensaft und Öl verrühren und den Käse damit übergießen. Die Tomaten halbieren, vom Stielansatz befreien und mit den Oliven darauf verteilen. Zugedeckt 1 Stunde an einem kühlen Ort, aber nicht im Kühlschrank ziehen lassen.

Statt Mozzarella können Sie auch dünn geschnittenen mittelalten Pecorino oder Manchego nehmen.

Eingelegte Bärlauch-Tomaten

500 g Kirschtomaten, 1/2 EL grobes Meersalz,
1 EL grob zerstoßener schwarzer Pfeffer,
50 g Bärlauch, 1 kleine Schalotte,
100 ml Chili-Ketchup, 2 EL Orangensaft,
4 EL natives Olivenöl extra

Am Vortag die Tomaten vom Stielansatz befreien, rundherum mehrfach mit einer dicken Stopfnadel einstechen und in ein hohes, heiß ausgespültes Twist-off-Glas geben. Mit Salz und Pfeffer bestreuen. Bärlauch abbrausen und trockentupfen, die langen Stiele abschneiden. Schalotte schälen und in Stücke schneiden. Bärlauch und Schalotte mit einem scharfen Messer zu Mus zerhacken. Mit Ketchup, Orangensaft und Öl verrühren und über die Tomaten geben. Zugedeckt im Kühlschrank etwa 24 Stunden marinieren. Vor dem Servieren etwa 1 Stunde bei Zimmertemperatur stehen lassen, damit die Tomaten ihr Aroma voll entfalten können.

Schmeckt gut zu italienischem Weißbrot, dünn geschnittenen Salamischeiben und jungem Pecorino.

Gerichte mit Kartoffeln, Nudeln, Reis & Gemüse

Kartoffelpüree mit Bärlauch

1 kg mehlig kochende Kartoffeln,
1/8 l Gemüsebrühe, 100 g Bärlauch,
1 EL Butter, 2 EL Olivenöl, 1/4 l fettarme Milch,
Salz, frisch gemahlener Pfeffer,
frisch geriebene Muskatnuss

Die Kartoffeln schälen, waschen und würfeln. Mit der Gemüsebrühe zum Kochen bringen und in etwa 20 Minuten sehr weich kochen. Inzwischen den Bärlauch abbrausen und trockentupfen, die längeren Stiele abschneiden und die Blätter fein hacken.
Butter und Öl erhitzen, den Bärlauch darin bei geringer Hitze unter Rühren etwa 1 Minute andünsten. Die Milch zugießen, alles mit Salz, Pfeffer und Muskat würzen und bis knapp unter den Siedepunkt erhitzen, aber nicht mehr aufkochen. Etwas abkühlen lassen und den Bärlauch in der gewürzten Milch pürieren. Die Kartoffeln mit dem Kartoffelstampfer fein zerdrücken. Dabei die Bärlauchmilch untermischen. Das Püree nochmals abschmecken.

Manche mögen Kartoffelpüree sehr weich, andere fester. Zudem enthalten Kartoffeln je nach Sorte mal mehr, mal weniger Stärke. Deshalb kann man die Menge der benötigten Flüssigkeit nicht genau angeben. Gießen Sie zum Schluss einfach noch heiße Milch zu, bis das Püree die gewünschte Konsistenz hat. Geschmeidiger, doch auch kalorienreicher wird es mit einem weiteren Löffel Butter.

Ofenkartoffeln mit Bärlauchfüllung

4 große mehlig kochende Kartoffeln
(à ca. 250 g), 1 Zwiebel, 2 EL Olivenöl,
1/2 Dose Tomatenstücke (ca. 200 g),
1/4–1/2 TL scharfe Paprikaflocken,
2 EL Tomatenmark, 100 g Bärlauch,
75 g geriebener Bergkäse, 2 EL Kapern,
1 Ei, Salz, 1 EL Zitronensaft

Die Kartoffeln gründlich waschen und bürsten. Mit einer Gabel mehrmals einstechen und auf den Bratrost legen. In den kalten Backofen schieben und bei 250 °C (Umluft 220 °C, Gas Stufe 5) etwa 1 Stunde backen, danach sollten sie weich sein. Herausnehmen und etwa 15 Minuten abkühlen lassen.
Inzwischen die Zwiebel schälen, fein hacken und in 1 Esslöffel Öl glasig anschwitzen. Tomaten und Paprikaflocken zugeben und bei hoher Temperatur unter Rühren dick einkochen lassen. In eine Schüssel geben, mit Tomatenmark vermischen und abkühlen lassen. Bärlauch abbrausen und trockentupfen, die längeren Stiele abschneiden und die Blätter fein hacken. Kartoffeln längs halbieren und bis auf einen etwa 2 Zentimeter breiten Rand aushöhlen. Kartoffelfleisch mit einer Gabel zerdrücken und zur Tomatenmischung geben. Bärlauch, Käse, Kapern und Ei zugeben, alles mischen und mit Salz und Zitronensaft würzen. Die Kartoffeln mit dieser Mischung füllen, mit dem restlichen Öl beträufeln, auf ein Backblech legen, in den heißen Ofen schieben und in etwa 15 Minuten hellbraun überbacken.

Das Gericht ist schneller servierfertig, wenn Sie die Kartoffeln in reichlich Wasser etwa 30 Minuten vorkochen, statt sie komplett im Ofen zu garen.

Kartoffelragout mit Bärlauch und Pilzen

500 g vorwiegend fest kochende Kartoffeln, 1/4 l Gemüsebrühe, 1 kleine Zwiebel, 200 g Austernpilze, 150 g Bärlauch, 3 EL Öl, 100 g Schmand, Salz, frisch gemahlener Pfeffer

Die Kartoffeln schälen, waschen und in kleine Würfel schneiden. In einem Topf mit der Gemüsebrühe aufkochen und zugedeckt bei geringer Hitze in 10–15 Minuten weich kochen. Inzwischen die Zwiebel schälen und würfeln. Die Austernpilze putzen und längs in feine Streifen schneiden. Den Bärlauch abbrausen und trockentupfen, die längeren Stiele abschneiden und die Blätter grob hacken.

Das Öl in einer Pfanne erhitzen und die Zwiebel darin glasig werden lassen. Die Austernpilze zugeben und unter Rühren etwa 2 Minuten kräftig anbraten. Den Bärlauch zugeben und unter Rühren etwa 1 Minute mitgaren. Den Pfanneninhalt zu den Kartoffeln geben, den Schmand zufügen und alles locker mischen. Mit Salz und Pfeffer würzen.

Bärlauch-Spätzle mit Speck, Zwiebeln und Parmesan

150 g Bärlauch, 1 Bund Petersilie,
1/4 l fettarme Milch, 400 g Mehl, Salz, 3 Eier,
100 g Frühstücksspeck, 200 g Zwiebeln,
1 EL Öl, frisch gemahlener schwarzer Pfeffer,
etwa 50 g grob geriebener Parmesan

Den Bärlauch und die Petersilie abbrausen und trockentupfen, die längeren Stiele entfernen und die Blätter fein hacken. Mit der Milch in eine Schüssel geben und mit dem Mixstab pürieren. Mehl mit 1 kräftigen Prise Salz mischen und mit der Bärlauchmilch verrühren. Eier zugeben und einige Minuten kräftig rühren, danach sollte der Teig Blasen werfen. Zugedeckt 20 Minuten bei Zimmertemperatur ruhen lassen.
Inzwischen den Speck in schmale Streifen schneiden. Die Zwiebeln schälen und auf dem Gurkenhobel in feine Ringe hobeln. In einer großen Pfanne das Öl erhitzen. Den Speck und die Zwiebeln darin bei geringer Hitze unter mehrmaligem Wenden in etwa 20 Minuten weich und goldbraun braten.
In einem großen Topf reichlich Salzwasser zum Kochen bringen. Die Spätzle portionsweise vom Brett schaben oder durch einen Spätzlehobel in das sprudelnd kochende Wasser geben. 1–2 Minuten kochen lassen. Sie sind gar, wenn sie an die Oberfläche steigen.
Jede Portion fertige Spätzle mit einem Schaumlöffel herausnehmen, gut abtropfen lassen und in die Pfanne zu Speck und Zwiebeln geben. Jeweils mit etwas Pfeffer

bestreuen, mischen und zugedeckt heiß halten. Zum Servieren auf vorgewärmten Tellern anrichten und mit dem Parmesan bestreuen.

Scharfe Bärlauch-Spaghetti

„Pasta aglio, olio e peperoncino" ist jedem Italienfan bekannt. Nehmen Sie statt Knoblauch (aglio) doch einmal Bärlauch: Die Nudeln schmecken dann genauso aromatisch, „knofeln" aber nicht ganz so stark.

150–300 g Bärlauch,
1–2 TL scharfe Paprikaflocken,
1/8 l natives Olivenöl extra, 500 g Spaghetti,
Salz, 1 EL gehackte Petersilie

Den Bärlauch abbrausen und trockentupfen, die längeren Stiele abschneiden und die Blätter fein hacken. Die Spaghetti in reichlich Salzwasser bissfest garen. Währenddessen den Bärlauch und die Paprikaflocken im erhitzten Öl ziehen lassen. Spaghetti abgießen, sehr gut abtropfen lassen, ganz heiß mit dem Bärlauchöl und der Petersilie vermischen und sofort auf gut vorgewärmten Tellern servieren.

Südtiroler Schlutzkrapfen mit Bärlauch

Die großen Teigtaschen aus Südtirol erinnern an Maultaschen aus dem Schwäbischen. Doch die Füllung ist schon richtig „italienisch“ – mit Gemüse und Quark statt Speck. Man isst sie wie Ravioli „einfach so“ – also ohne Beilage. Doch Salat schmeckt natürlich gut dazu.

Für den Teig: 500 g Weizenmehl (Type 550),
1 TL Salz, 2 große Eier, 1 EL Öl
Für die Füllung: 150 g TK-Blattspinat,
450 g Bärlauch, 1 Bund Petersilie, 1 Zwiebel,
1 EL Butterschmalz, 1 kleines Ei,
100 g Magerquark, 100 g frisch geriebener Parmesan,
1/2 TL abgeriebene unbehandelte Zitronenschale,
Salz, frisch gemahlener weißer Pfeffer,
50 g Butter
Außerdem: Mehl für die Arbeitsfläche

Für den Teig das Mehl mit Salz, Eiern und Öl geschmeidig verkneten. Falls er noch zu trocken sein sollte, teelöffelweise kaltes Wasser unterkneten. Den Teig in Klarsichtfolie wickeln und 1 Stunde bei Zimmertemperatur ruhen lassen.

Inzwischen für die Füllung den Spinat auftauen lassen. Mit den Händen sehr gut ausdrücken und mit einem Wiegemesser fein hacken. Den Bärlauch und die Petersilie abbrausen und trockentupfen, die längeren Stiele abschneiden und die Blätter ebenfalls fein hacken. Die Zwiebel schälen, fein würfeln und im heißen Butterschmalz bei geringer Hitze andünsten. Spinat, Bärlauch und Petersilie zugeben, bei mittlerer Hitze etwa 5 Minuten schmoren und abkühlen lassen. Ei, Quark und 1 Esslöffel Parmesan untermischen. Die Füllung mit Zitronenschale, Salz und Pfeffer kräftig würzen.
Den Teig in 2 Portionen teilen und auf wenig Mehl zu 2 möglichst gleich großen und gleichmäßig dünnen Platten ausrollen. Diese in Rechtecke von 6 x 12 Zentimetern schneiden. Die Füllung anteilig in die Mitte der Rechtecke setzen. Die Teigränder mit Wasser bestreichen. Jedes Rechteck zusammenklappen und die Ränder mit den Fingern gut festdrücken.
In einem großen Topf reichlich Wasser mit Salz zum Kochen bringen. Die Schlutzkrapfen hineingeben und bei hoher bis mittlerer Hitze etwa 5 Minuten sanft sprudelnd garen.
Inzwischen die Butter in der Pfanne zerlassen und bei geringer Hitze leicht bräunen. Die Schlutzkrapfen mit einem Schaumlöffel herausnehmen, auf vorgewärmten Tellern anrichten und mit der Butter beträufeln. Den restlichen Parmesan darüberstreuen und die Schlutzkrapfen sofort servieren.

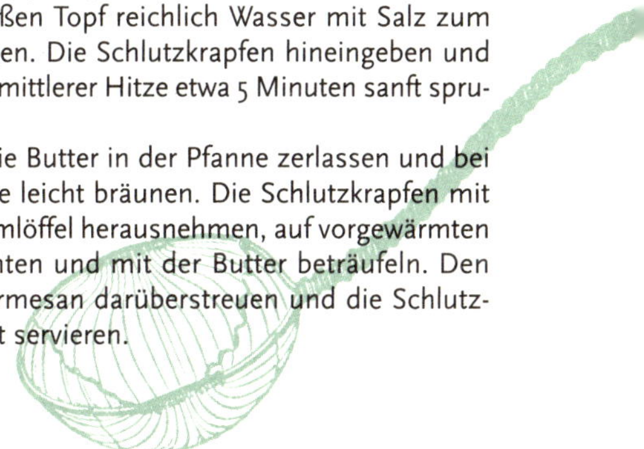

Frühlingspfannkuchen mit Bärlauchsalat

Für den Salat: 1 Kopf Endiviensalat,
4 getrocknete Tomaten (in Öl eingelegt),
1 EL entsteinte schwarze Oliven, 4 Bärlauchblätter,
2 EL Honigessig, 2 EL Apfelsaft, 1 TL körniger Senf,
Salz, frisch gemahlener schwarzer Pfeffer,
5 EL Einlegeöl der Tomaten
Für die Pfannkuchen: 2 Hand voll Blattspinat,
1/4 l Buttermilch, 300 g Bärlauch, 2 EL Olivenöl,
2 Eier, 75 g Mehl, 1 Prise Zucker, Salz
Außerdem: Olivenöl zum Ausstreichen der Pfanne

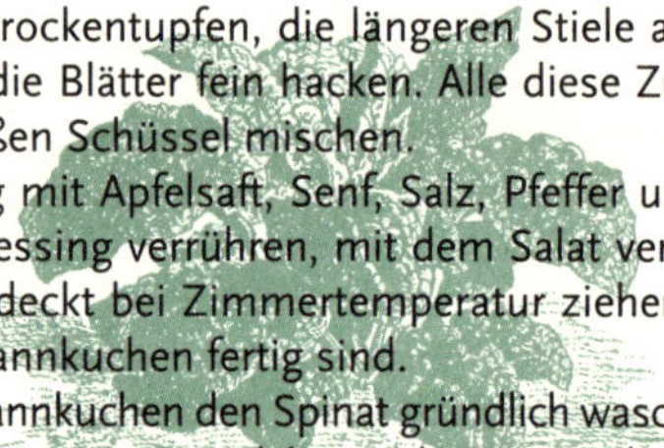

Den Salat putzen, abbrausen, trockenschleudern und in feine Streifen schneiden. Tomaten in kleine Stücke schneiden, die Oliven grob hacken. Bärlauch abbrausen und trockentupfen, die längeren Stiele abschneiden und die Blätter fein hacken. Alle diese Zutaten in einer großen Schüssel mischen.
Den Essig mit Apfelsaft, Senf, Salz, Pfeffer und Öl zu einem Dressing verrühren, mit dem Salat vermischen und zugedeckt bei Zimmertemperatur ziehen lassen, bis die Pfannkuchen fertig sind.
Für die Pfannkuchen den Spinat gründlich waschen, putzen und samt Buttermilch mit dem Mixstab pürieren. Bärlauch abbrausen und trockentupfen, die Stiele entfernen, die Blätter in hauchfeine Streifen schneiden und untermischen. Öl, Eier, Mehl, Zucker und Salz zugeben und alles zu einem glatten Teig verrühren.
Eine große, beschichtete Pfanne mit etwas Öl ausstreichen. Pro Pfannkuchen 4 Esslöffel Teig hineingeben

und bei mittlerer Hitze zugedeckt etwa 3 Minuten backen, danach sollte er an der Unterseite gebräunt sein. Den Pfannkuchen wenden und in 2–3 Minuten fertig braten. Im Backofen bei 50 °C warm halten, bis die restlichen Pfannkuchen gebacken sind.

Wurstnudeln mit Bärlauch

250 g breite Bandnudeln, Salz,
2 EL Butter, 200 g Fleischwurst am Stück,
150 g Bärlauch, 4 Eier, 2 EL Milch,
frisch gemahlener schwarzer Pfeffer,
frisch geriebene Muskatnuss, 4 EL Öl zum Braten

Die Nudeln in reichlich sprudelnd kochendem Salzwasser knapp bissfest garen. Abgießen, abtropfen lassen und mit der Butter vermischen.
Inzwischen die Wurst häuten und klein würfeln. Bärlauch abbrausen, trockentupfen und die längeren Stiele abschneiden. Für die Garnitur 2 Blätter in feine Streifen schneiden, den Rest fein hacken. Die Eier mit Milch, Salz, Pfeffer und Muskat verquirlen.
Das Öl in einer großen beschichteten Pfanne erhitzen. Nudeln und Wurst darin bei mittlerer Hitze unter ständigem Wenden etwa 1 Minute braten. Mit dem gehackten Bärlauch bestreuen, die Eier darübergießen und zugedeckt 3 Minuten stocken lassen. Die Wurstnudeln unter häufigem Wenden weitere 2 Minuten rösten. Mit den Bärlauchstreifen bestreut servieren.

Bärlauch-Zucchini-Küchlein mit Tomatenjoghurt

300 g Joghurt, 100 g Schmand,
2 Tomaten, 450 g Bärlauch,
Salz, frisch gemahlener Pfeffer,
750 g Zucchini, 1 Zwiebel,
4 EL Mehl, 3 Eier,
Öl zum Ausbraten

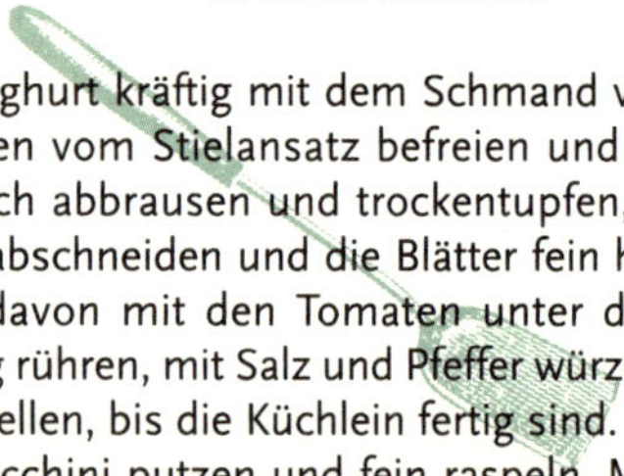

Den Joghurt kräftig mit dem Schmand verrühren. Die Tomaten vom Stielansatz befreien und würfeln. Den Bärlauch abbrausen und trockentupfen, die längeren Stiele abschneiden und die Blätter fein hacken. 2 Esslöffel davon mit den Tomaten unter die Joghurtmischung rühren, mit Salz und Pfeffer würzen. Zugedeckt kühl stellen, bis die Küchlein fertig sind.
Die Zucchini putzen und fein raspeln. Mit etwas Salz bestreuen und etwa 10 Minuten stehen lassen. Inzwischen die Zwiebel schälen und fein würfeln. Die Zucchini in ein Tuch geben und gut ausdrücken. In einer Schüssel mit der Zwiebel, dem restlichen gehackten Bärlauch, Mehl und Eiern mischen. Mit Salz und Pfeffer würzen.
Öl in einer beschichteten Pfanne erhitzen. Den Teig portionsweise mit einem Esslöffel als flache Küchlein ins Öl geben und bei geringer bis mittlerer Hitze pro Seite in 4–5 Minuten goldgelb braten. Im Backofen bei 50 °C warm halten, bis alle Küchlein fertiggebacken sind. Heiß mit dem Tomatenjoghurt servieren.

Bärlauchrisotto

1 kleine Zwiebel, 100 g Bärlauch,
1 l Hühnerbrühe, 2 EL Olivenöl,
1/4 l trockener Weißwein,
300 g Risottoreis (z. B. Arborio
oder Carnaroli), 30 g weiche Butter,
50 g frisch geriebener Parmesan, Salz,
frisch gemahlener weißer Pfeffer

Die Zwiebel schälen und fein hacken. Den Bärlauch waschen und trockentupfen, die längeren Stiele abschneiden und die Blätter grob hacken.
In einem Topf die Brühe zum Sieden bringen. In einem weiteren Topf das Öl erhitzen und die Zwiebel darin glasig dünsten. Den Reis hinzufügen und umrühren, bis die Reiskörner mit Fett überzogen sind. Den Wein zugeben und einkochen lassen. Etwa 1/8 Liter der siedenden Brühe angießen und bei starker Hitze und unter ständigem Rühren kochen, bis die Flüssigkeit vollständig verdampft ist. Diesen Vorgang wiederholen, bis der Reis nach 15–20 Minuten gar ist; er sollte cremig weich sein, aber noch Biss haben. Nach 15 Minuten immer wieder probieren und die Flüssigkeitsmenge so steuern, dass der fertige Reis noch gut feucht, aber nicht flüssig ist. Sollte die vorbereitete Brühe dafür nicht ausreichen, mit heißem Wasser weitermachen. 1–2 Minuten vor dem Ende der Garzeit Bärlauch, Butter und Parmesan sorgfältig unterrühren. Mit Salz und Pfeffer abschmecken und sofort servieren.

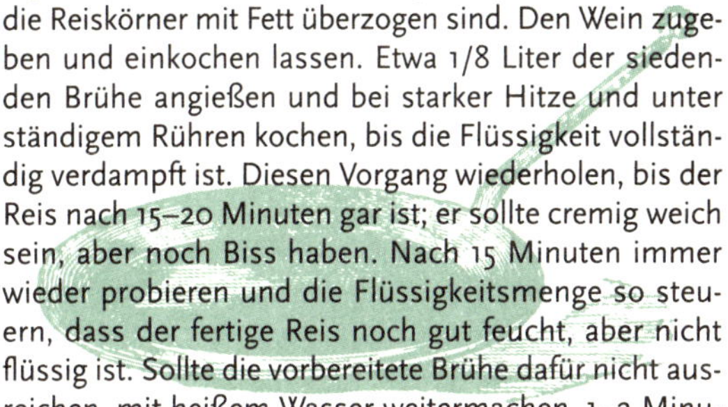

Bunter Gemüsetopf

100 g kleine Champignons,
Saft von 1 Zitrone, 300 g Brokkoli,
3 fest kochende Kartoffeln (ca. 300 g),
100 g Schalotten, 4 kleine spitze Artischocken,
100 g Bärlauch, 4 EL Olivenöl,
1/2 l Gemüsebrühe, 1 Eigelb,
Salz, frisch gemahlener weißer Pfeffer

Die Pilze mit feuchtem Küchenpapier abreiben und putzen. Mit der Hälfte des Zitronensafts mischen. Den Brokkoli waschen, abtropfen lassen und in Röschen und Stiele teilen, letztere schälen. Die Kartoffeln schälen, waschen und sehr klein würfeln. Die Schalotten schälen und halbieren. Die Artischocken waschen, die Stiele und die äußeren harten Blattspitzen entfernen. Die verbliebenen Blätter zu etwa 1/3 abschneiden. Artischocken in kleine Stücke schneiden und mit dem restlichen Zitronensaft mischen. Den Bärlauch abbrausen und trockentupfen, die längeren Stiele abschneiden und die Blätter fein hacken.
Das Öl in einem breiten Topf erhitzen. Die Pilze darin bei hoher Temperatur rundherum braun anbraten und wieder herausnehmen. Brokkoli, Kartoffeln, Schalotten und Artischocken im verbliebenen Öl unter Rühren etwa 2 Minuten kräftig anschwitzen. Die Brühe zugießen, zum Kochen bringen und das Gemüse zugedeckt bei mittlerer Hitze 10 Minuten garen. Etwa drei Viertel des Bärlauchs und die Pilze untermischen und erhitzen. Eventuell noch einige Minuten garen, bis das Gemüse

gerade eben weich ist. Etwas Gemüsesud in ein Schälchen geben, das Eigelb damit verquirlen und in den Eintopf rühren. Den Gemüsetopf mit Salz und Pfeffer würzen und mit dem restlichen Bärlauch bestreut servieren.

Dazu schmeckt Reis – mit einigen Löffeln geriebenem Käse und etwas Chiliöl vermischt. Das scharfe Öl gibt es in Feinkostläden und Asien- oder Mexikoshops zu kaufen. Zum Selbermachen: 1 Teelöffel scharfe Paprikaflocken in 1 Liter gutes Olivenöl geben und vor der Verwendung etwa 1 Woche ziehen lassen.

Couscous mit Bärlauch

100 g Bärlauch, 1–2 TL Zitronensaft, 2 EL Butter,
1/4 l Gemüsebrühe (Instant), 2 EL Olivenöl,
Salz, 1 Msp. Harissa, 180 g Instant-Couscous

Den Bärlauch abbrausen und trockentupfen, die längeren Stiele abschneiden und die Blätter fein hacken. In einem kleinen Topf mit dem Zitronensaft und der Butter erhitzen und ziehen lassen. Die Gemüsebrühe mit Öl, Salz und Harissa aufkochen. Couscous einstreuen, mit einer Gabel umrühren und zugedeckt bei geringer Hitze 5 Minuten garen. Mit der Gabel lockern, dabei den Bärlauch untermischen. Mit Salz abschmecken.

Instant-Couscous gibt es in türkischen und auch in manchen deutschen Supermärkten.

Tempura mit Bärlauch

Für die Dips: 300 ml Gemüsebrühe,
75 ml Sherry medium, 75 ml helle Sojasauce,
1 TL Zucker, 1 Stück Rettich (ca. 250 g),
2 Bärlauchblätter, Salz,
frisch gemahlener weißer Pfeffer
Für das Gemüse: 8 grüne Spargelstangen,
2 kleine Zucchini, 4 weiße Champignons,
16 große schöne Bärlauchblätter
Für den Teig: 1/4 l eiskaltes Wasser,
1 Prise Salz, 250 g Mehl
Außerdem: ca. 1 l Öl zum Frittieren

Für den ersten Dip die Brühe erhitzen. Sherry, Sojasauce und Zucker zugeben und rühren, bis sich der Zucker gelöst hat. Einmal aufkochen, abkühlen lassen und in 4 Portionsschälchen füllen.

Für den zweiten Dip den Rettich möglichst fein reiben. Den Bärlauch waschen, trockentupfen und ganz fein hacken. Mit dem Rettich mischen, mit Salz und Pfeffer würzen und auf 4 Portionsschälchen verteilen.
Für das Gemüse die Spargelstangen von den holzigen Enden befreien, ggf. im unteren Drittel schälen und quer halbieren. Zucchini putzen und in 1/2 Zentimeter dicke Scheiben schneiden. Pilze mit feuchtem Küchenpapier abreiben und putzen. Bärlauchblätter abbrausen und trockentupfen.
Für den Teig das Wasser in eine Schüssel füllen. Salz zugeben und das Mehl durch ein Sieb einstreuen. Mit einer Gabel leicht umrühren, bis sich Mehl und Wasser locker verbunden haben, das Mehl aber noch Klümpchen bildet.
Das Öl im Wok oder einer tiefen Pfanne erhitzen. Gemüsestücke, Pilze und Bärlauchblätter portionsweise im Teig wenden und in etwa 2 Minuten goldgelb frittieren. Herausnehmen, auf Küchenpapier kurz abtropfen lassen. Warm halten, bis alles Gemüse ausgebacken ist. Heiß zusammen mit den Dips servieren.

Vor dem Frittieren sollten Sie prüfen, ob das Öl heiß genug ist: Gibt man ein Tröpfchen Teig hinein, muss es sofort aufsteigen.

Gerichte mit Fisch & Fleisch

Gebratener Tintenfisch mit Bärlauch

500 g küchenfertiger Tintenfisch (frisch oder TK), 150 g Bärlauch, 1 getrocknete rote Chilischote, Saft von 1 Zitrone, 3 EL trockener Weißwein, 3 EL Olivenöl, Salz

Die frischen oder aufgetauten Tintenfische kalt abbrausen und in einem Sieb abtropfen lassen. In kleine Stücke oder Streifen schneiden. Reichlich Wasser aufkochen. Die Tintenfischstücke auf einen Schaumlöffel legen und jeweils etwa 5 Sekunden lang einige Male ins sprudelnd kochende Wasser tauchen (siehe Tipp). Erneut abtropfen und abkühlen lassen, bis die anderen Zutaten vorbereitet sind.
Den Bärlauch abbrausen und trockentupfen, die längeren Stiele abschneiden und die Blätter in Streifen schneiden. Chilischote von Stielansatz, Samen sowie Scheidewänden befreien und sehr fein hacken, dabei evtl. einen Teil der Kerne entfernen. Zitronensaft mit Bärlauch, Chilischote und Weißwein vermischen.
Das Olivenöl in einer großen, beschichteten Pfanne erhitzen. Den Tintenfisch darin unter ständigem Wenden kurz, aber kräftig braten, danach sollte er weiß sein. Die Bärlauchmischung zugeben, alles gut vermischen, mit Salz abschmecken und den Tintenfisch auf einer vorgewärmten Platte anrichten.

Dazu passen Baguette oder helles Landbrot. – Durch das Blanchieren vor dem Braten bleibt Tintenfisch übrigens knackig und zart.

Forellen mit Bärlauchsauce

2 Päckchen Fischgewürz, Salz,
4 EL Apfel- oder Kräuteressig, 2 Zitronenscheiben,
4 küchenfertige Forellen (à ca. 350 g), 2 EL Butter,
1 EL Mehl, 150 g Bärlauch, 100 ml Sahne,
1 große Msp. gemahlene Muskatblüte (Macis),
1/2 TL abgeriebene unbehandelte Zitronenschale,
frisch gemahlener schwarzer Pfeffer

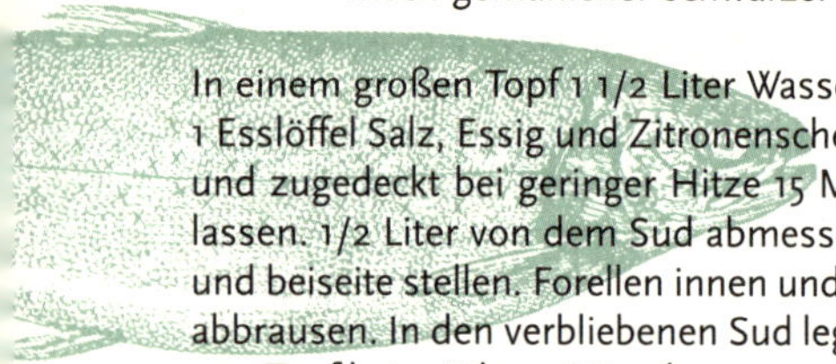

In einem großen Topf 1 1/2 Liter Wasser, Fischgewürz, 1 Esslöffel Salz, Essig und Zitronenscheiben aufkochen und zugedeckt bei geringer Hitze 15 Minuten köcheln lassen. 1/2 Liter von dem Sud abmessen, durchseihen und beiseite stellen. Forellen innen und außen kurz kalt abbrausen. In den verbliebenen Sud legen und im offenen Topf bei mittlerer Hitze langsam zum Sieden bringen, bis kleine Bläschen aufsteigen. Forellen im halb geschlossenen Topf in etwa 15 Minuten gar ziehen lassen, herausnehmen und warm halten.
Inzwischen die Butter in einem Topf erhitzen, bis sie schäumt. Das Mehl darin unter Rühren goldgelb anrösten. Den beiseite gestellten Sud unter Rühren langsam zugießen und aufkochen. Die Sauce zugedeckt bei geringer Hitze 10 Minuten köcheln lassen.
Den Bärlauch abbrausen und trockentupfen, die längeren Stiele abschneiden und die Blätter fein hacken. Mit der Sahne unter die Sauce mischen und diese bis knapp unter den Siedepunkt erhitzen, mit Muskatblüte, Zitronenschale, Salz und Pfeffer würzen und separat zu den Forellen servieren.

Zu den Forellen mit der originellen Sauce passen Salzkartoffeln und grüner Salat.

Zanderfilets in Bärlauchbutter

75 g Butter, 150 g Bärlauch,
1 TL abgeriebene unbehandelte Zitronenschale,
1 Möhre, 1/8 l trockener Weißwein,
4 Zanderfilets (à etwa 180 g),
Salz, frisch gemahlener weißer Pfeffer,
2 EL Zitronensaft

Die Butter in einer Pfanne erhitzen und leicht bräunen. Bärlauch abbrausen und trockentupfen, die längeren Stiele entfernen und die Blätter fein hacken. Mit der Zitronenschale unter die Butter rühren und warm halten. Die Möhre putzen und sehr klein würfeln. Mit dem Wein in eine Kasserolle geben, einmal aufkochen und zugedeckt bei geringer Hitze 5 Minuten garen. Die Zanderfilets kalt abbrausen, mit Salz und Pfeffer würzen und mit dem Zitronensaft beträufeln. Auf die Möhrenwürfel legen und zugedeckt bei geringer bis mittlerer Hitze etwa 10 Minuten dämpfen. Herausnehmen und auf vorgewärmten Tellern anrichten. Erst Bärlauchbutter, dann Möhrenwürfel auf dem Zander verteilen und mit dem Fond beträufeln.

Am besten schmecken dazu Salzkartoffeln.

Hähnchenbrust mit Gemüse und Bärlauch

150 g Bärlauch, 2 doppelte Hähnchenbrüste mit Knochen (à ca. 500 g), Salz, frisch gemahlener Pfeffer, 5 EL Olivenöl, 2 Dosen weiße Riesenbohnen (à 250 g Abtropfgewicht), 1 Dose geschälte Tomaten (800 g Einwaage), 1 TL getrockneter Thymian, 4 Schalotten

Den Backofen auf 250 °C (Umluft 220 °C, Gas Stufe 5) vorheizen. Bärlauch abbrausen, trockentupfen und die Stiele abschneiden. 4 Blätter in fingerbreite Streifen schneiden, den Rest fein hacken. Hähnchenbrüste kalt abbrausen und trockentupfen. Die Haut vorsichtig vom Fleisch lösen, aber nicht ganz abziehen. So viele Bärlauchstreifen wie möglich zwischen Haut und Fleisch schieben. Salzen, pfeffern und mit 1 Esslöffel Olivenöl bestreichen. Hähnchenbrüste mit der Hautseite nach oben nebeneinander in die Fettpfanne des Backofens legen, in den vorgeheizten Ofen (mittlere Schiene) schieben und etwa 10 Minuten braten. Danach den Backofen auf 180 °C (Umluft 160 °C, Gas Stufe 2) zurückschalten.

Inzwischen die Bohnen in ein Sieb abgießen, kalt abbrausen und gut abtropfen lassen. Tomaten mit 2 Esslöffeln Saft aus der Dose in eine Schüssel geben und grob zerkleinern. Bohnen und Thymian zufügen, alles mischen und um das Fleisch herum verteilen. Gemüse und Fleisch weitere 20 Minuten garen. Währenddessen Schalotten schälen und in feine Ringe schneiden. Restliches Öl in einer kleinen Pfanne erhitzen. Gehackten Bärlauch und Schalotten zugeben, bei mittlerer Hitze hellbraun anschwitzen und vor dem Servieren samt dem Bratöl über das Fleisch geben.

Ente mit Bärlauch aus dem Wok

1 Entenbrust mit Haut (ca. 380 g),
100 g Bärlauch, 2 EL Olivenöl,
Salz, 1/2 TL scharfe Paprikaflocken,
2 EL Mandelstifte, 100 ml Geflügelfond (Glas),
1 TL Worcestersauce

Die Entenbrust kalt abbrausen, trockentupfen und in möglichst feine Streifen schneiden. Bärlauch abbrausen und trockentupfen, die längeren Stiele entfernen und die Blätter ebenfalls in feine Streifen schneiden.
Das Öl im Wok oder einer großen Pfanne erhitzen. Die Fleischstreifen mit der Hälfte des Bärlauchs darin bei hoher Temperatur unter ständigem Wenden etwa 2 Minuten kräftig anbraten. Mit Salz und Paprikaflocken würzen und bei mittlerer Hitze in etwa 4 Minuten knusprig braun braten, 1 Minute vor Ende der Garzeit die Mandeln untermischen. Das Fleisch auf einer vorgewärmten Platte warm halten. Den Bratsatz mit Fond und Worcestersauce lösen und bei hoher Temperatur dickflüssig einkochen. Restlichen Bärlauch untermischen und kurz erhitzen. Das Fleisch mit der Sauce übergießen und sofort servieren.

Feine Kalbsrouladen

4 Kalbsschnitzel
(Oberschale; à ca. 180 g),
Salz, frisch gemahlener weißer Pfeffer,
150 g Bärlauch, 150 g Kalbsleberwurst,
1 EL abgeriebene unbehandelte Zitronenschale,
1 TL getrockneter Thymian, 2 EL Mehl,
2 EL Öl, 1 EL Tomatenmark, 200 ml Brühe,
100 g Crème fraîche

Die Schnitzel kalt abbrausen, trockentupfen, zwischen 2 Lagen Klarsichtfolie mit der Nudelrolle flach rollen, salzen und pfeffern. Bärlauch abbrausen, trockentupfen und die längeren Stiele abschneiden. Für die Sauce 4 Blätter in feine Streifen schneiden, den Rest fein hacken. Die Leberwurst mit Zitronenschale, Thymian und gehacktem Bärlauch vermengen. Die Mischung auf die Schnitzel streichen. Aufrollen und mit Rouladennadeln feststecken oder mit Küchengarn zusammenbinden. Im Mehl wenden.
Das Öl in einem flachen Schmortopf erhitzen. Rouladen darin bei hoher Temperatur rundherum braun anbraten und wieder herausnehmen. Tomatenmark in das Öl einrühren, die Brühe nach und nach zugießen und den Bratfond damit lösen. Crème fraîche zugeben und die Sauce einmal unter Rühren aufkochen. Die Rouladen wieder einlegen und zugedeckt bei geringer Hitze in etwa 15 Minuten garen. 5 Minuten vor Ende der Garzeit die Bärlauchstreifen in die Sauce rühren.

Bärlauch-Schnitzel

8 kleine Kalbsschnitzel (à ca. 80 g),
grob gemahlener weißer Pfeffer, 16 Bärlauchblätter,
8 dünne Scheiben Schwarzwälder Speck,
1 gestr. EL Mehl, 3 EL Olivenöl,
1/8 l trockener Weißwein, Salz

Die Schnitzel kalt abbrausen, trockentupfen und zwischen 2 Lagen Klarsichtfolie so lange mit dem Nudelholz flach rollen, bis sie ganz dünn und etwa doppelt so groß sind. Mit grobem Pfeffer würzen. Den Bärlauch abbrausen und trockentupfen. Jedes Schnitzel mit 2 Bärlauchblättern und einer Scheibe Speck belegen und überall ganz fest andrücken, damit sie sich beim Braten nicht ablösen. Die Schnitzel mit der Speckseite nach unten auf die Arbeitsfläche legen und hauchdünn mit Mehl bestäuben.
Das Öl in einer großen Pfanne erhitzen. Die Schnitzel nebeneinander mit der Speckseite nach unten hineinlegen und bei mittlerer Hitze 2 Minuten braten. Wenden und weitere 2–3 Minuten garen. Herausnehmen und auf gut vorgewärmten Tellern warm halten. Den Wein in die Pfanne gießen und den Bratensatz damit lösen. Bei hoher Temperatur dickflüssig einkochen lassen. Mit wenig Salz und Pfeffer würzen. Die Schnitzel auf Teller verteilen und mit der Sauce umgießen.

Servieren Sie die Schnitzel mit Baguette oder toskanischem Weißbrot und buntem Frühlingssalat.

Lammgulasch mit Bärlauch

100 g durchwachsener Räucherspeck,
500 g magere Lammschulter (ohne Knochen),
1 milde rote Chilischote,
1 kleine unbehandelte Zitrone,
2 EL Öl, 400 ml Lammfond (Glas) oder
Fleischbrühe, 100 g Bärlauch,
1 kleines Paket TK-Erbsen (150 g),
1 EL grüne Pfefferkörner (frisch oder eingelegt),
2–3 EL Schmand, Salz

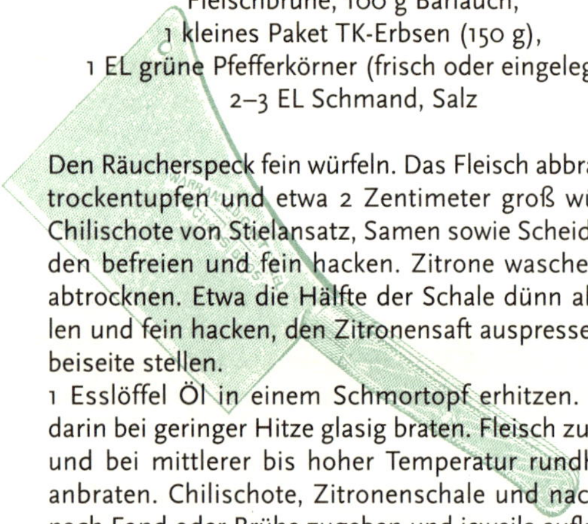

Den Räucherspeck fein würfeln. Das Fleisch abbrausen, trockentupfen und etwa 2 Zentimeter groß würfeln. Chilischote von Stielansatz, Samen sowie Scheidewänden befreien und fein hacken. Zitrone waschen und abtrocknen. Etwa die Hälfte der Schale dünn abschälen und fein hacken, den Zitronensaft auspressen und beiseite stellen.
1 Esslöffel Öl in einem Schmortopf erhitzen. Speck darin bei geringer Hitze glasig braten. Fleisch zugeben und bei mittlerer bis hoher Temperatur rundherum anbraten. Chilischote, Zitronenschale und nach und nach Fond oder Brühe zugeben und jeweils aufkochen lassen. Das Fleisch zugedeckt bei geringer Hitze in 30–40 Minuten weich garen.
Bärlauch abbrausen und trockentupfen, die längeren Stiele abschneiden und die Blätter fein hacken. Restliches Öl in einer Pfanne erhitzen. Bärlauch, gefrorene Erbsen und Pfefferkörner darin unter Rühren anbraten, bis der Bärlauch und die Erbsen intensiv grün sind. Mit

dem Schmand unter das Fleisch mischen, aufkochen und zugedeckt bei geringer Hitze 5 Minuten ziehen lassen. Mit Salz und Zitronensaft würzen.

Bärlauch-Frikadellen mit Zucchini

150 g Bärlauch, 250 g Schweinemett,
200 g Hackfleisch vom Rind, 1 Ei, Salz,
1/2 TL scharfe Paprikaflocken, 500 g Zucchini,
2 rote Zwiebeln, 1 EL Olivenöl,
3 EL Geflügelfond (Glas), 2 EL dunkle Sojasauce,
1 EL gehackte Petersilie

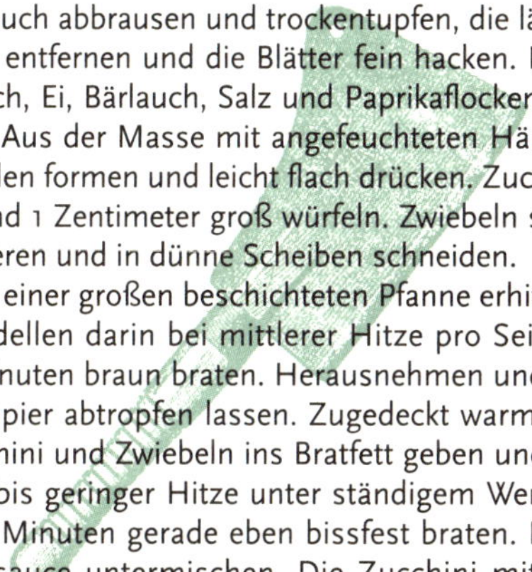

Den Bärlauch abbrausen und trockentupfen, die längeren Stiele entfernen und die Blätter fein hacken. Mett, Hackfleisch, Ei, Bärlauch, Salz und Paprikaflocken vermischen. Aus der Masse mit angefeuchteten Händen 8 Frikadellen formen und leicht flach drücken. Zucchini putzen und 1 Zentimeter groß würfeln. Zwiebeln schälen, halbieren und in dünne Scheiben schneiden.
Das Öl in einer großen beschichteten Pfanne erhitzen. Die Frikadellen darin bei mittlerer Hitze pro Seite in etwa 5 Minuten braun braten. Herausnehmen und auf Küchenpapier abtropfen lassen. Zugedeckt warm halten. Zucchini und Zwiebeln ins Bratfett geben und bei mittlerer bis geringer Hitze unter ständigem Wenden in etwa 5 Minuten gerade eben bissfest braten. Fond und Sojasauce untermischen. Die Zucchini mit der Petersilie bestreuen und mit den Frikadellen auf vorgewärmten Tellern anrichten.

Saucen, Dips & Brotaufstriche

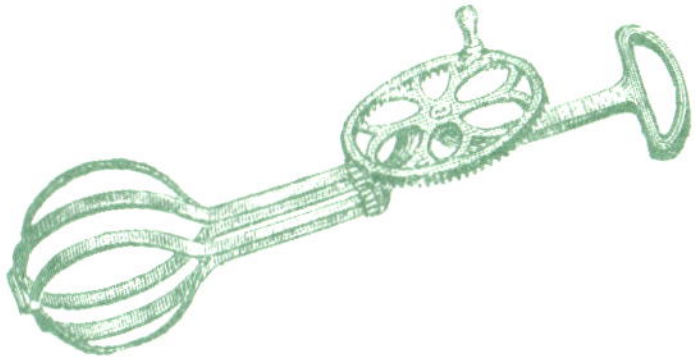

Bärlauchpesto

Bereiten Sie die berühmte italienische Knoblauch-Kräuter-Sauce, die man zu Spaghetti oder Minestrone isst, einmal mit würzigem Bärlauch zu. Wer keine Pinienkerne zur Hand hat, kann auch Pistazien, Walnusskerne oder Mandeln dafür verwenden.

100 g Bärlauch, je 4 Stängel Petersilie
und Basilikum, 1 Knoblauchzehe,
75 g frisch geriebener Parmesan, 100 g Pinienkerne,
150 ml natives Olivenöl extra,
Salz, frisch gemahlener schwarzer Pfeffer,
1–2 EL Zitronensaft

Den Bärlauch, die Petersilie und das Basilikum abbrausen, trockentupfen und sehr fein hacken. Dabei alle harten Stiele entfernen. Knoblauch schälen, Parmesan in kleine Stücke teilen. Beides mit Pinienkernen und Öl in eine Schüssel geben und mit dem Mixstab pürieren. Bärlauch, Petersilie und Basilikum untermischen. Den Pesto mit Salz, Pfeffer und Zitronensaft würzen.

Bärlauch-Vinaigrette

8 Bärlauchblätter, 4 EL Apfelessig, 8 EL Brühe,
1 EL körniger Senf, 1 TL Zucker, Salz, frisch
gemahlener schwarzer Pfeffer, 6 EL Sonnenblumenöl

Den Bärlauch abbrausen und trockentupfen, die längeren Stiele entfernen und die Blätter fein hacken. Essig, Brühe, Senf, Zucker, Salz und Pfeffer verrühren. Das Öl langsam mit einem Schneebesen unterschlagen, bis die Vinaigrette sämig ist. Den Bärlauch untermischen.

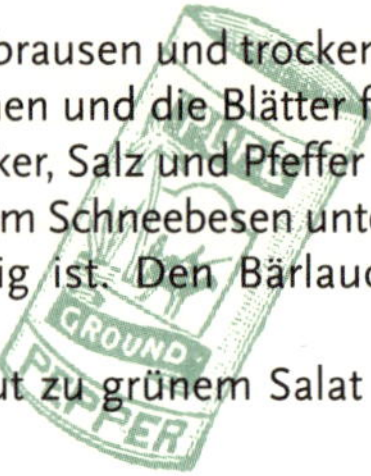

Passt z. B. gut zu grünem Salat und Gurkensalat.

Spargeldressing mit Bärlauch

200 g grüne Spargelstangen, 100 g Crème fraîche,
1/8 l Spargelsud oder Gemüsebrühe,
6 Bärlauchblätter, 3 getrocknete Tomaten
(in Öl eingelegt), 1 EL Einlegeöl der Tomaten,
1 EL saure Sahne, Salz, Cayennepfeffer

Die Spargelstangen von den holzigen Enden befreien, ggf. schälen und in Stücke schneiden. Mit Crème fraîche und Sud oder Brühe mit dem Mixstab pürieren. Bärlauch abbrausen und trockentupfen, die längeren Stiele entfernen und die Blätter in feine Streifen schneiden. Getrocknete Tomaten fein hacken. Mit Tomatenöl, Bärlauch und saurer Sahne untermischen. Mit wenig Salz und 1 kräftigen Prise Cayennepfeffer würzen.

Passt z. B. sehr gut zu grünem Salat oder Gurkensalat. Oder versuchen Sie einmal taufrischen, in Olivenöl gebratenen und dann lauwarm abgekühlten Spargel mit diesem Dressing.

Grüne Sauce nach italienischer Art

Die original „Salsa verde" gehört in Italien zum Bollito misto, dem Eintopf aus dreierlei Fleisch und Gemüse. Diese Variante schmeckt auch zu panierten Schnitzeln, gebackenen Kartoffeln, kaltem Braten und Grillfisch.

150 g Bärlauch, 2 Stängel glatte Petersilie,
3 eingelegte Sardellenfilets, 1 Knoblauchzehe,
1–2 EL Kapern, 50 g eingelegtes gemischtes
Essiggemüse, 100 ml natives Olivenöl extra,
1–2 EL Zitronensaft, 1 TL körniger Senf,
Salz, Cayennepfeffer

Den Bärlauch und die Petersilie abbrausen und trockentupfen. Vom Bärlauch die längeren Stiele entfernen und die Blätter fein hacken, von der Petersilie die Blättchen abzupfen. Sardellen kalt abbrausen, den Knoblauch schälen. Kapern und Essiggemüse abtropfen lassen. Alle diese Zutaten mit dem Mixstab pürieren. Das Öl langsam zugießen und alles mit den Quirlen des Handrührers zu einer dicken Sauce aufschlagen. Nacheinander Zitronensaft, Senf und Bärlauch untermischen. Mit Salz und Cayennepfeffer würzen. Die Sauce vor dem Servieren etwa 30 Minuten kühl stellen.

Bärlauchdressing mit Ingwer

1 Stück frischer Ingwer, 1 unbehandelte Limette,
2 Orangen, 1 gehackte rote Chilischote, 1 EL körniger
Senf, Salz, 4 EL Erdnussöl, 8–10 Bärlauchblätter

Den Ingwer schälen und auf der Rohkostreibe raspeln. Limette heiß abbrausen und abtrocknen. Etwas Schale dünn abreiben und die Frucht wie die Orangen auspressen. Ingwer, Chilischote, Limettenschale, Zitrussäfte, Senf und Salz verrühren. Öl untermischen. Bärlauch abbrausen und trockentupfen, längere Stielen entfernen, Blätter in feine Streifen schneiden und unterrühren.

Passt gut zu asiatischen Salaten, z. B. Glasnudelsalat mit Rindfleisch oder Reisnudelsalat mit Shrimps.

Kartoffeldressing mit Bärlauch

1 kleine Zwiebel, 2 Scheiben durchwachsener
Räucherspeck (ca. 30 g), 1 kleine vorwiegend
fest kochende Kartoffel, 6 Bärlauchblätter,
3 EL Öl, 200 ml Brühe, 2 EL Zitronensaft,
1 TL Kräutersenf, Salz, frisch gemahlener Pfeffer

Die Zwiebel schälen und klein würfeln. Speck in schmale Streifen schneiden. Kartoffel schälen, waschen und ebenfalls klein würfeln. Bärlauch abbrausen und trockentupfen, die längeren Stiele abschneiden und die Blätter fein hacken.

Zwiebel und Speck in erhitzem Öl bei geringer Hitze glasig anschwitzen. Kartoffel zugeben und kurz anbraten. Bei geringer bis mittlerer Hitze in etwa 5 Minuten weich und goldgelb braten. Brühe zugießen, aufkochen und den Bratfond damit lösen. Zitronensaft und Senf unterrühren. Das Dressing lauwarm abkühlen lassen, salzen, pfeffern und den Bärlauch untermischen.

Passt z. B. sehr gut zu Löwenzahn- und Feldsalat.

Kalte Bärlauchsauce

Dies ist eine Abwandlung der klassischen Schnittlauchsauce aus Österreich, die man zu Tafelspitz und Tellerfleisch isst.

4 Scheiben Toastbrot, 1/8 l lauwarme Milch,
300 g Bärlauch, 2 hart gekochte Eigelb,
2 ganz frische rohe Eigelb, 1/8 l Öl,
2 EL Zitronensaft, 2–4 EL Fleischbrühe,
Salz, frisch gemahlener weißer Pfeffer

Das Toastbrot entrinden und in der Milch einweichen. Bärlauch abbrausen und trockentupfen, die längeren Stiele entfernen und die Blätter fein hacken. Hart gekochte Eigelbe zum Brot geben und alles mit einer Gabel zerdrücken. Erst rohe Eigelbe, dann nach und nach das Öl zugeben. Zitronensaft und Bärlauch untermischen. Esslöffelweise Brühe einrühren, bis die Sauce die gewünschte Konsistenz hat, salzen und pfeffern.

Pellkartoffeldip

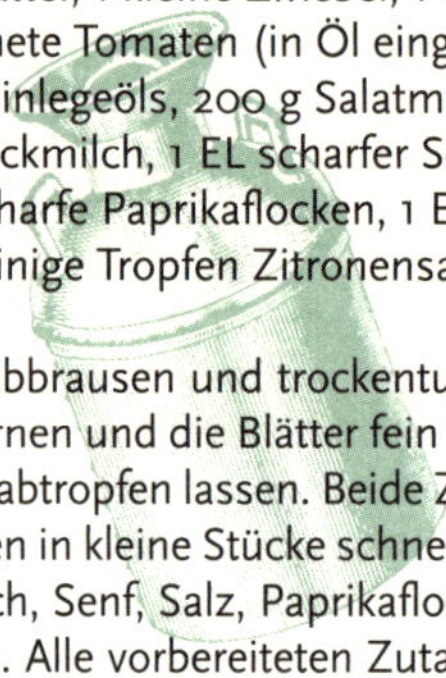

6 Bärlauchblätter, 1 kleine Zwiebel, 1 Gewürzgurke, 2 getrocknete Tomaten (in Öl eingelegt) und 1 EL des Einlegeöls, 200 g Salatmayonnaise, 100 g Dickmilch, 1 EL scharfer Senf, Salz, 1/4 TL scharfe Paprikaflocken, 1 EL Kapern, einige Tropfen Zitronensaft

Den Bärlauch abbrausen und trockentupfen, die längeren Stiele entfernen und die Blätter fein hacken. Zwiebel schälen, Gurke abtropfen lassen. Beide Zutaten sehr fein hacken. Tomaten in kleine Stücke schneiden. Mayonnaise mit Dickmilch, Senf, Salz, Paprikaflocken und Tomatenöl verrühren. Alle vorbereiteten Zutaten und Kapern untermischen. Mit Zitronensaft und Salz würzen.

Eierdip mit Bärlauch

2 hart gekochte Eier, 1 EL Zitronensaft, 1 TL scharfer Senf, Salz, frisch gemahlener schwarzer Pfeffer, 1/8 l Pflanzenöl, 100 g Magerjoghurt, 50 g Bärlauch

Die Eier pellen und halbieren. Eigelbe herauslösen und in einer Schüssel zerdrücken. Die Masse mit Zitronensaft, Senf und je 1 kräftigen Prise Salz und Pfeffer verrühren. Das Öl zuerst tropfenweise, dann in dünnem Strahl zugießen und alles kräftig zu einer Mayonnaise verrühren. Joghurt mit einen Schneebesen unterschlagen. Eiweiße fein hacken. Bärlauch abbrausen, trockentupfen und die längeren Stiele entfernen. Für die Garnitur 2 Blätter in feine Streifen schneiden, den Rest fein hacken. Mit den Eiweißwürfeln unter die Mayonnaise mischen. Den Dip mit den Bärlauchstreifen garnieren.

Ein leckerer Dip zu Fleisch- oder Fischfondue, Pellkartoffeln, Rohkost und gegrilltem Gemüse. Oder ein tolles Dressing für Nudel- und Kartoffelsalat.

Warme Bärlauch-Sahne-Sauce

30 g Butterschmalz, 1 EL Mehl, 3/8 l Hühnerbrühe, 150 g Bärlauch, 100 ml Sahne, 1 Prise gemahlene Muskatblüte (Macis), etwas abgeriebene unbehandelte Zitronenschale, 1 TL Zitronensaft, Salz, frisch gemahlener weißer Pfeffer

Das Schmalz in einem Topf erhitzen. Mehl darüberstäuben und unter Rühren goldgelb anrösten. Brühe langsam zugießen und unter Rühren aufkochen, bis die Sauce glatt ist. Zugedeckt bei geringer Hitze 10 Minuten köcheln lassen. Inzwischen Bärlauch abbrausen und trockentupfen, die längeren Stiele entfernen und die Blätter fein hacken. Sahne in die Sauce einrühren und erhitzen, aber nicht mehr aufkochen. Bärlauch untermischen. Mit Muskatblüte, Zitronenschale und -saft, Salz und Pfeffer würzen.

Passt gut zu gedünstetem Fisch, Blumenkohl und pochierten Eiern.

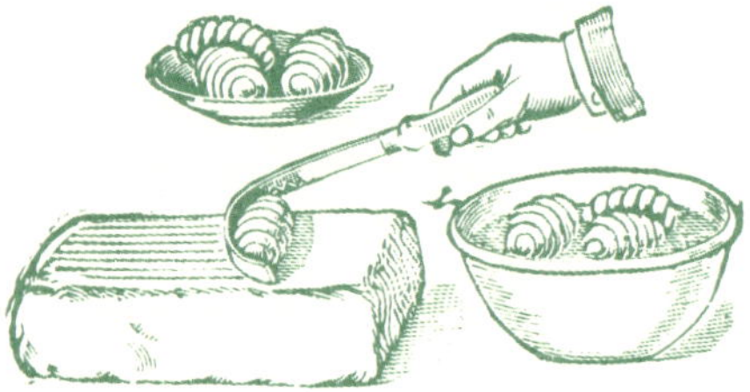

Dreikäsecreme

100 g weicher Schafskäse,
100 g Edelschimmelkäse ohne Rinde
(z. B. Roquefort oder Gorgonzola),
100 g Frischkäse (20 % Fett), 50 g Joghurtbutter,
50 g Bärlauch, 1 TL Zitronensaft,
grob gemahlener schwarzer Pfeffer

Den Schafs- und den Edelschimmelkäse in einer Schüssel mit einer Gabel zerdrücken. Frischkäse und Butter zugeben und alles mit den Quirlen des Handrührers vermischen. Den Bärlauch abbrausen und trockentupfen, die längeren Stiele entfernen und die Blätter fein hacken. Unter die Käsecreme mischen und mit Zitronensaft und grobem Pfeffer würzen.

Schmeckt als Brotaufstrich und zu gebackenen Folienkartoffeln. – Joghurtbutter gibt es in vielen Supermärkten. Sie enthält viel weniger Fett als normale Butter und schmeckt angenehm säuerlich.

Bärlauchbutter mit Senfgurke

150 g weiche Butter,
2 EL Schmand, 50 g Senfgurke,
150 g Bärlauch,
Cayennepfeffer, Salz

Die Butter mit dem Schmand verrühren. Die abgetropfte Senfgurke in sehr feine Würfel schneiden. Den Bärlauch abbrausen und trockentupfen, die längeren Stiele abschneiden und die Blätter fein hacken. Beide Zutaten mit einer Gabel locker unter die Butter mischen. Mit Cayennepfeffer und Salz würzen.

Paprika-Mayonnaise mit Bärlauch

je 1 rote und grüne Paprikaschote,
150 g Bärlauch, 1 kleine Zwiebel,
200 g Salatmayonnaise, 1 EL saure Sahne,
1 TL scharfe Paprikaflocken,
Salz, 1 Prise Zucker

Die Paprikaschoten von Stielansatz, Samen sowie Scheidewänden befreien und sehr fein würfeln. Bärlauch abbrausen und trockentupfen, die längeren Stiele abschneiden und die Blätter fein hacken. Zwiebel schälen und ebenfalls fein hacken. Alle diese Zutaten mit Mayonnaise und saurer Sahne mischen. Die Sauce mit Paprikaflocken, Salz und Zucker würzen.

Herzhaftes Gebäck

Bärlauch-Muffins

Für 6–8 Stück
200 g Emmentaler, 250 g Dinkelvollkornmehl,
100 g gemahlene Mandeln,
50 g Speisestärke, 1 EL Trockenhefe,
200 g weiche Butter oder Margarine,
1/2 TL Salz, 1/2–1 TL Paprikaflocken,
frisch geriebene Muskatnuss, 2 große Eier,
200 ml Milch, 150 g Bärlauch,
Butter für die Muffin-Mulden

Den Backofen auf 180 °C (Umluft 160 °C, Gas Stufe 2) vorheizen. Den Käse reiben. Mit Dinkelmehl, Mandeln, Stärke und Trockenhefe mischen. Butter oder Margarine, Salz, Paprikaflocken und Muskat mit den Quirlen des Handrührers schaumig rühren. Die Eier nacheinander unterrühren. Zuerst die Mehlmischung, dann die Milch zugeben und alles zu einem glatten Teig verrühren. Den Bärlauch abbrausen und trockentupfen, die längeren Stiele abschneiden, die Blätter fein hacken und mit dem Kochlöffel unter den Teig mischen. Die Muffin-Mulden sehr gut einfetten und mit dem Teig füllen. Das Blech in den vorgeheizten Ofen (untere Schiene) schieben und die Muffins etwa 15 Minuten backen (Stäbchenprobe machen!).

Trockenhefe sorgt auch im Rührteig für lockere Krume. Und viele Menschen vertragen sie besser als Backpulver.

Bärlauch-Häppchen

Für ca. 30 Stück
1 Päckchen Trockenhefe,
1/2 l lauwarme Buttermilch,
2 TL Zucker, 500 g Weizenvollkornmehl,
1 TL Salz, 2 zimmerwarme Eier,
70 g Bärlauch, 2 EL Pinienkerne
(ersatzweise Mandelstifte),
1 EL Erdnussöl, Fett für die Muffin-Mulden

Die Hefe mit etwa 1/8 Liter Buttermilch und dem Zucker in einem Schälchen verrühren und 15 Minuten gehen lassen. Mehl und Salz vermischen. Den Vorteig unterrühren. Zuerst die restliche lauwarme Buttermilch, dann die Eier untermischen. Den Teig mit den Quirlen des Handrührers etwa 10 Minuten rühren. Mit etwas Mehl bestreuen und zugedeckt an einem warmen zugfreien Ort etwa 1 Stunde gehen lassen.
Den Bärlauch abbrausen und trockentupfen, die längeren Stiele abschneiden und die Blätter fein hacken. Mit den Pinienkernen im heißen Öl bei geringer Hitze etwa 3 Minuten anschwitzen und abkühlen lassen.
Den Teig mit den Knethaken des Handrührers nochmals 5 Minuten rühren. Bärlauch und Pinienkerne mit einem Kochlöffel untermischen. Den Teig weitere 15 Minuten gehen lassen. Den Backofen auf 200 °C (Umluft 180° C, Gas Stufe 3) vorheizen. Den Teig etwa 2 Zentimeter hoch in leicht eingefettete Muffin-Mulden füllen und im vorgeheizten Ofen pro Muffin-Blech etwa 15 Minuten backen. Abgekühlt, aber frisch servieren.

Bärlauchfladen mit Schinken

150 g Magerquark, 6 EL Milch, Salz, 8 EL Öl, 300 g Weizenmehl (Type 1050), 1/2 Päckchen Backpulver, Butter für das Blech, 200 g Bärlauch, 1 kleine Zwiebel, 4 EL Olivenöl, 150 g Tomatenstücke (Dose), frisch gemahlener schwarzer Pfeffer, 200 g Ziegenfrischkäse, 1–2 EL Dickmilch, 100 g gekochter Schinken in dünnen Scheiben

Den Quark mit Milch, Salz, Öl und der Hälfte des Mehls mit den Knethaken des Handrührers vermischen. Das restliche Mehl mit dem Backpulver mischen und mit den Händen unter den Teig kneten. Den Backofen auf 225 °C (Umluft 200 °C, Gas Stufe 4) vorheizen. Den Teig zu 4 Fladen formen und nebeneinander auf ein gefettetes Backblech legen.
Den Bärlauch abbrausen, trockentupfen und die längeren Stiele entfernen. Etwa zwei Drittel der Blätter fein hacken, den Rest in Streifen schneiden und beiseite stellen. Zwiebel schälen und in feine Ringe schneiden. Öl in einer Pfanne erhitzen und Zwiebel mit fein gehacktem Bärlauch darin anschwitzen. Tomaten zugeben und schmoren, bis die Flüssigkeit eingekocht ist, salzen und pfeffern. Ziegenkäse und Dickmilch glatt rühren und die Fladen damit bestreichen. Darauf die Tomatenmasse verteilen. Das Blech in den vorgeheizten Ofen (mittlere Schiene) schieben und die Fladen in etwa 30 Minuten goldbraun backen. Herausnehmen, etwas abkühlen lassen. Mit dem restlichen Bärlauch und dem in Stücke gezupften Schinken belegen und servieren.

Hackfleischtorte mit Bärlauch

Für 8 Portionen
Für den Teig: 175 g Mehl, Salz, 2 Eier,
1/2 EL Olivenöl
Für den Belag: 2 große Tomaten,
1 EL Olivenöl, 700 g Hackfleisch (halb Rind,
halb Schwein), 300 g saure Sahne, Salz,
frisch gemahlener Pfeffer, 1/2–1 TL Harissa,
100 g Bärlauch, 200 g Gratinkäse
Außerdem: evtl. Mehl für die Arbeitsfläche,
Fett für die Fettpfanne

Für den Teig Mehl, Salz, Eier, Öl und 2 Esslöffel kaltes Wasser in einer Schüssel vermischen. Alles mit den Knethaken des Handrührers verrühren. Auf der Arbeitsfläche mit den Händen zu einem geschmeidigen Nudelteig verkneten, ggf. tropfenweise noch 1–2 weitere Esslöffel Wasser unterkneten. Den Nudelteig in Klarsichtfolie wickeln und 1 Stunde bei Zimmertemperatur ruhen lassen.

Inzwischen für den Belag die Tomaten in kochendem Wasser blanchieren, häuten, vom Stielansatz befreien und klein würfeln.
Das Öl in einer großen beschichteten Pfanne erhitzen. Das Hackfleisch darin bei mittlerer Hitze unter Rühren krümelig und leicht braun anbraten. Tomaten und saure Sahne unterrühren und einmal kräftig aufkochen. Mit Salz, Pfeffer und Harissa würzen und die Mischung abkühlen lassen.
Den Backofen auf 200 °C (Umluft 180 °C, Gas Stufe 4) vorheizen. Den Teig auf einer bemehlten Arbeitsfläche oder in der Nudelmaschine zu dünnen Platten ausrollen. Die tiefe Saftpfanne des Backofens einfetten und mit den Teigplatten auslegen; dabei rundherum einen etwa fingerhohen Rand formen.
Den Bärlauch abbrausen und trockentupfen, die längeren Stiele abschneiden, die Blätter fein hacken und unter die Hackfleischmischung mengen. Auf dem Teigboden glatt streichen und mit dem Käse bestreuen. Den Kuchen in den vorgeheizten Ofen (mittlere Schiene) schieben und etwa 40 Minuten backen, danach sollte der Belag schön gebräunt und fest, aber innen noch saftig sein.

Frühlingswaffeln

Für 10 Stück
150 g Bärlauch, 100 g weiche Butter,
1 TL abgeriebene unbehandelte Zitronenschale,
Salz, Cayennepfeffer, frisch geriebene Muskatnuss,
3 Eier, 250 g Weizenmehl (Type 550),
50 g geriebener Käse (z. B. Emmentaler oder Gouda),
2 TL Backpulver, 200 ml Milch,
Öl zum Backen

Den Bärlauch abbrausen und trockentupfen, die längeren Stiele abschneiden und die Blätter fein hacken. Butter mit Zitronenschale, Salz, Cayennepfeffer und Muskat schaumig rühren. Die Eier nacheinander unterrühren. Mehl, Käse und Backpulver gemischt zugeben und alles zu einem cremigen Teig verrühren. Zum Schluss den Bärlauch und die Milch untermischen. Die Backflächen des Waffeleisens einfetten und vorheizen. Jeweils etwa 2 Esslöffel Teig hineingeben, das Eisen schließen und jede Waffel 3–4 Minuten backen.

Dazu einen frischen, saftigen Salat servieren. Tomatensalat, Kopfsalatherzen mit Joghurt-Kräuter-Dressing oder Tsatsiki schmecken am besten. Wer Rohkost servieren möchte, ergänzt das Dressing am besten um Orangensaft, zerdrückte Tomaten oder geriebenen Apfel.

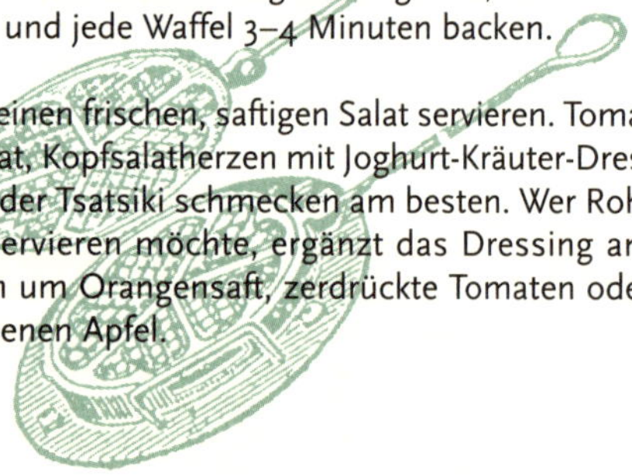

Käsetäschchen

Für 10 Stück
1/2 Paket TK-Blätterteig (ca. 225 g),
200 g frisch geriebener Greyerzer,
75 g frisch geriebener Parmesan,
300 g Bärlauch, 1 Schalotte,
frisch gemahlener Pfeffer, 1 Eigelb

Die Teigblätter auftauen lassen. Beide Käsesorten fein reiben. Den Bärlauch abbrausen und trockentupfen, die längeren Stiele abschneiden und die Blätter fein hacken. Die Schalotte schälen und ganz fein würfeln. Käse, Bärlauch und Schalotte mischen und mit 1 kräftigen Prise Pfeffer würzen.
Den Backofen auf 200 °C (Umluft 180 °C, Gas Stufe 4) vorheizen. Die Teigplatten quer halbieren. Die Käsefüllung in die Mitte der Teigstücke verteilen. Die Ränder mit kaltem Wasser bestreichen. Die Teigstücke zu Dreiecken zusammenklappen und die Ränder mit den Zinken einer Gabel gut festdrücken. Ein Backblech mit kaltem Wasser abbrausen und die Käsetäschchen darauf setzen. Mit dem verquirlten Eigelb bestreichen, in den vorgeheizten Ofen (mittlere Schiene) schieben und in etwa 20 Minuten goldgelb backen.

Wenn Sie backfertig ausgerollten Blätterteig in Form von Rollen oder Scheiben nehmen, machen die Täschchen kaum Arbeit.

Verzeichnis der Rezepte

Suppen

Salate & Snacks

Gerichte mit Kartoffeln, Nudeln, Reis & Gemüse

Gerichte mit Fisch & Fleisch

Saucen, Dips & Brotaufstriche

Herzhaftes Gebäck